Impressum
Verlag: BABADADA GmbH, Nedderfeld 112 , 22529 Hamburg
Geschäftsführer / Verlagsleitung: Harald Hof
Druck: Books on Demand GmbH, In de Tarpen 42, 22848 Norderstedt

Imprint
Publisher: BABADADA GmbH, Nedderfeld 112 , 22529 Hamburg, Germany
Managing Director / Publishing direction: Harald Hof
Print: Books on Demand GmbH, In de Tarpen 42, 22848 Norderstedt

โรงเรียน
σχολείο

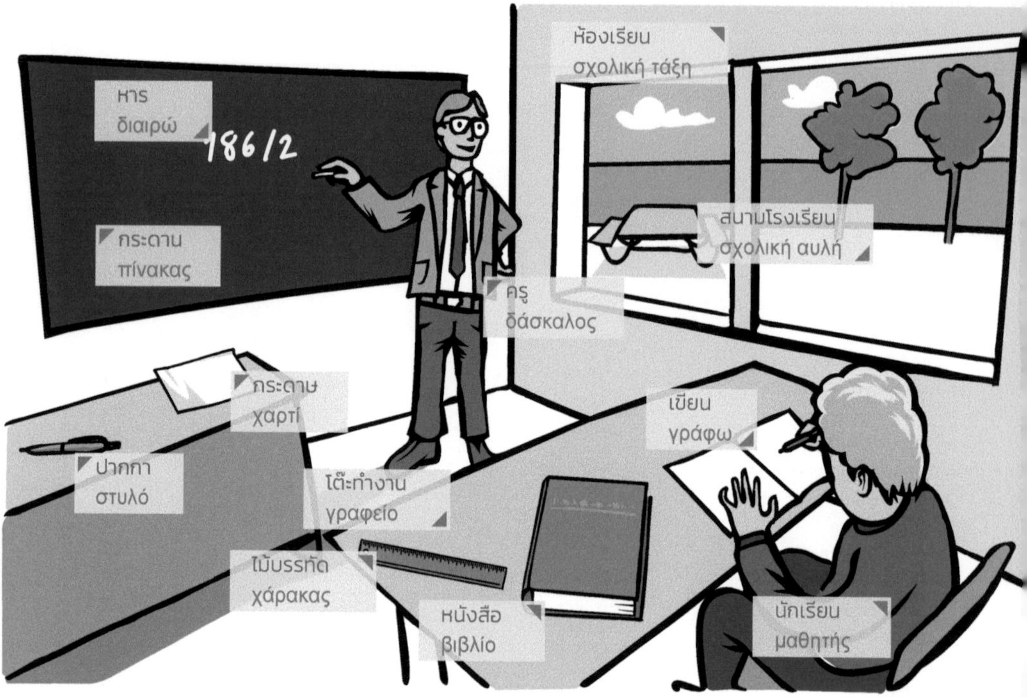
ห้องเรียน
σχολική τάξη
หาร
διαιρώ
186/2
กระดาน
πίνακας
ครู
δάσκαλος
สนามโรงเรียน
σχολική αυλή
กระดาษ
χαρτί
เขียน
γράφω
ปากกา
στυλό
โต๊ะทำงาน
γραφείο
ไม้บรรทัด
χάρακας
หนังสือ
βιβλίο
นักเรียน
μαθητής

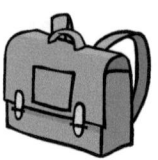

กระเป๋าหนังสือ

σχολική τσάντα

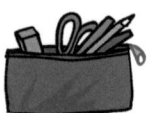

กล่องดินสอ

κασετίνα/ μολυβοθήκη

ดินสอ

μολύβι

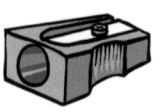

กบเหลาดินสอ

ξύστρα

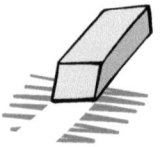

ยางลบ

γόμα

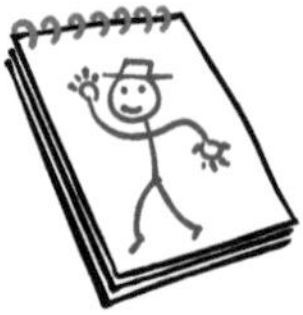

สมุดวาดภาพ

μπλοκ ζωγραφικής

ภาพวาด

ζωγραφική

พู่กัน

πινέλο

กล่องสี

κουτί χρωμάτων

กรรไกร

ψαλίδι

กาว

κόλλα

สมุดแบบฝึกหัด

τετράδιο ασκήσεων

การบ้าน

εργασία για το σπίτι

12

ตัวเลข

αριθμός

2+2

บวก

προσθέτω

5-2

ลบ

αφαιρώ

2×2

คูณ

πολλαπλασιάζω

คำนวณ

υπολογίζω

A

ตัวอักษร

γράμμα

ABCDEFG
HIJKLMN
OPQRSTU
VWXYZ

อักษรพยัญชนะ

αλφάβητο

hello

คำ

λέξη

ข้อความ

κείμενο

อ่าน

διαβάζω

ชอล์ก

κιμωλία

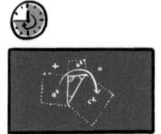

บทเรียน

μάθημα

ลงทะเบียน

εγγράφομαι

การสอบ

τεστ

ใบรับรอง

πιστοποιητικό

ชุดนักเรียน

μαθητική στολή

การศึกษา

εκπαίδευση

สารานุกรม

εγκυκλοπαίδεια

มหาวิทยาลัย

πανεπιστήμιο

กล้องจุลทรรศน์

μικροσκόπιο

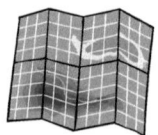

แผนที่

χάρτης

ตะกร้าใส่เศษกระดาษที่ไม่ใช้แล้ว

καλάθι αχρήστων

การท่องเที่ยว

ταξίδι

โรงแรม
ξενοδοχείο
Grand
โฮสเทล
ξενώνας
ROOMS
EXCHANGE
สำนักงานแลกเปลี่ยนเงินตรา
ανταλλακτήρια συναλλάγματος
กระเป๋าเดินทาง
βαλίτσα
รถยนต์
αυτοκίνητο

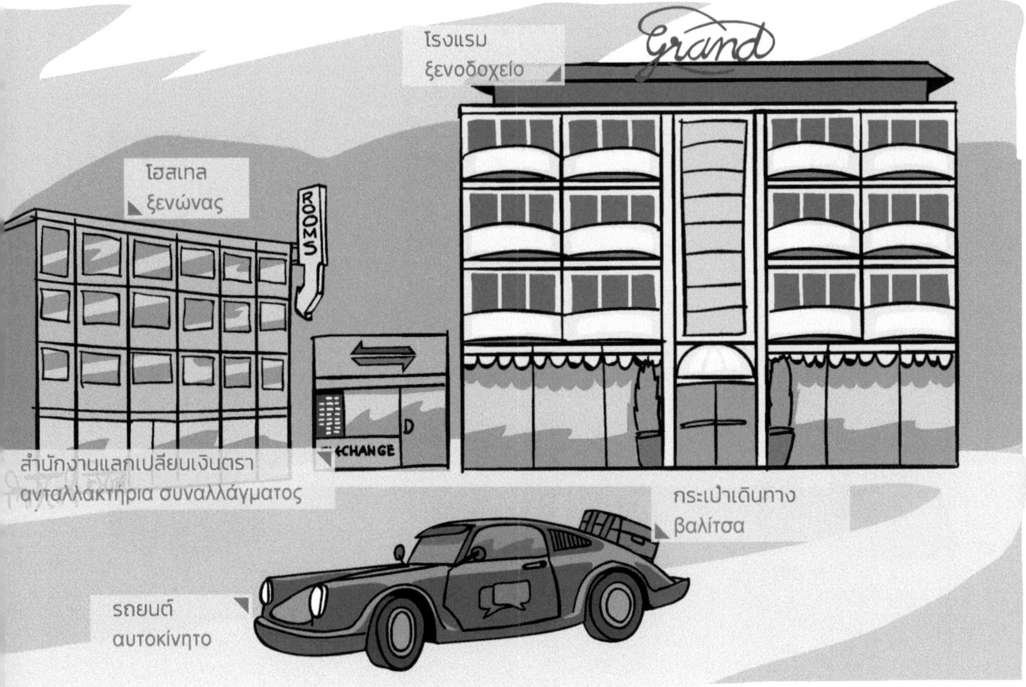

ภาษา

γλώσσα

ใช่/ไม่ใช่

ναι / όχι

ตกลง

εντάξει

สวัสดี

γεια σου

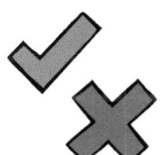

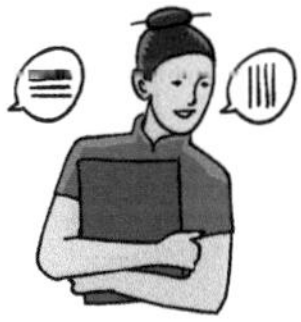

นักแปล

μεταφραστής

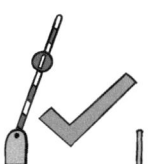

ขอบคุณ

Ευχαριστώ

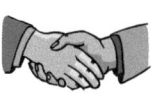

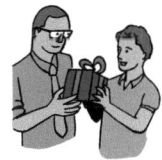

ราคาเท่าไหร่...?

πόσο κάνει ;

ฉันไม่เข้าใจ

Δε καταλαβαίνω

ปัญหา

πρόβλημα

สวัสดีตอนเย็น

Καλησπέρα!

สวัสดีตอนเช้า

Καλημέρα!

ราตรีสวัสดี

Καληνύχτα!

แล้วพบกันใหม่

Αντίο

ทิศทาง

κατεύθυνση

กระเป๋าเดินทาง

αποσκευές

กระเป๋า

τσάντα

กระเป๋าสะพายหลัง

σακίδιο πλάτης

แขก

καλεσμένος

ห้อง

δωμάτιο

ถุงนอน

υπνόσακος

เต็นท์

σκηνή

ข้อมูลนักท่องเที่ยว

τουριστικές πληροφορίες

ชายหาด

παραλία

บัตรเครดิต

πιστωτική κάρτα

มื้อเช้า

πρωινό

มื้อกลางวัน

μεσημεριανό

มื้อเย็น

δείπνο

ตั๋ว

εισιτήριο

ลิฟต์

ανελκυστήρας

แสตมป์

γραμματόσημο

พรมแดน

σύνορα

ภาษีศุลกากร

τελωνείο

สถานทูต

πρεσβεία

วีซ่า

βίζα

พาสปอร์ต

διαβατήριο

ขนส่ง

μεταφορά

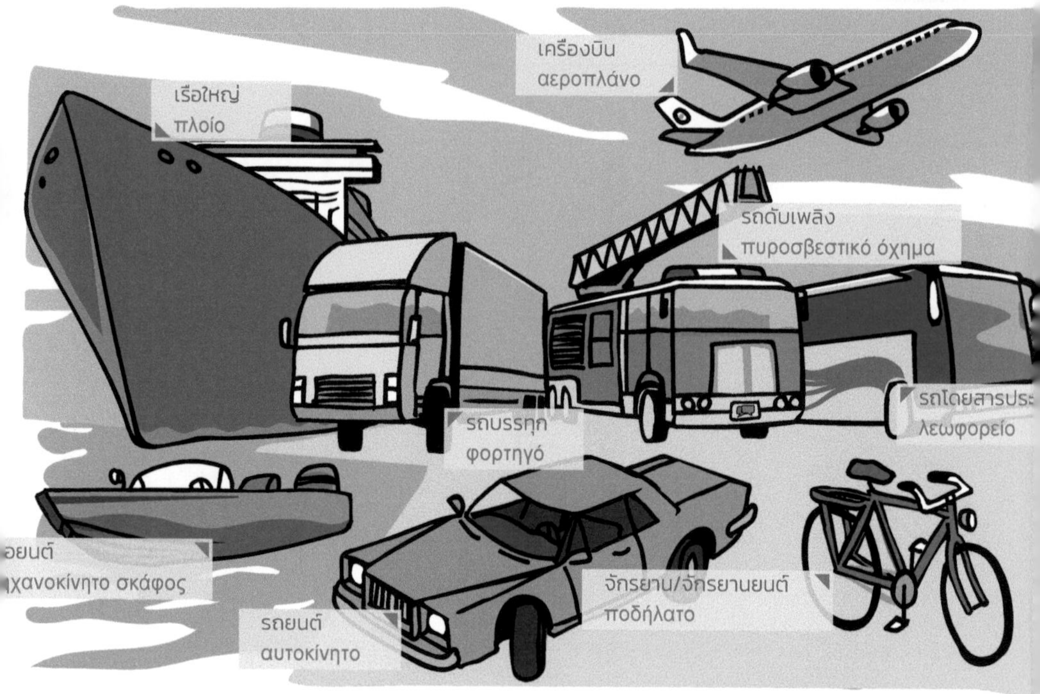

เครื่องบิน
αεροπλάνο
เรือใหญ่
πλοίο
รถดับเพลิง
πυροσβεστικό όχημα
รถโดยสารประ
λεωφορείο
รถบรรทุก
φορτηγό
อยนต์
ιχανοκίνητο σκάφος
จักรยาน/จักรยานยนต์
ποδήλατο
รถยนต์
αυτοκίνητο

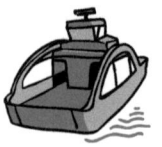

เรือข้ามฟาก

φεριμπότ

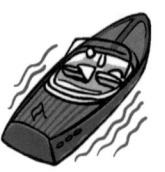

เรือ

βάρκα

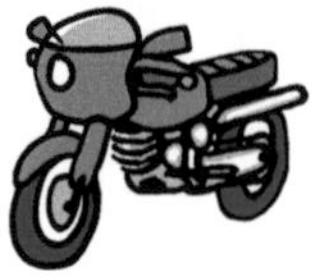

รถจักรยานยนต์

μοτοσικλέτα

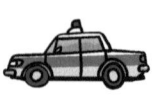

รถตำรวจ

περιπολικό

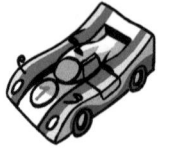

รถแข่ง

αγωνιστικό αυτοκίνητο

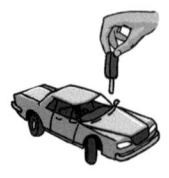

รถเช่า

ενοικιαζόμενο αυτοκίνητο

การแบ่งกันใช้รถยนต์
ιαμοιρασμός αυτοκινήτων

รถลาก
γερανός

รถขยะ
απορριμματοφόρο

เครื่องยนต์
κινητήρας

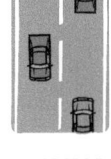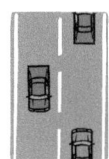

เชื้อเพลิง
καύσιμο

ปั๊มน้ำมัน
βενζινάδικο

เครื่องหมายจราจร
πινακίδα σήμανσης

การจราจร
κυκλοφορία

การจราจรติดขัด
κυκλοφοριακή συμφόρηση

ที่จอดรถ
χώρος στάθμευσης

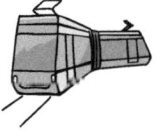

สถานีรถไฟ
σιδηροδρομικός σταθμός

รางรถไฟ
σιδηροδρομικές γραμμές

รถไฟ
τρένο

รถราง
τραμ

ตู้รถไฟ
βαγόνι

เฮลิคอปเตอร์
ελικόπτερο

สนามบิน
αεροδρόμιο

หอคอย
πύργος

ผู้โดยสาร
επιβάτης

ตู้บรรจุสินค้า
εμπορευματοκιβώτιο

กล่องกระดาษ
χαρτοκιβώτιο

รถเข็น/รถลาก
καρότσι

ตะกร้า
καλάθι

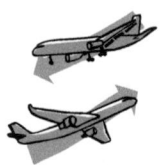

บินขึ้น/ ลงจอด
απογειώνομαι /
προσγειόνομαι

เมือง
πόλη

หมู่บ้าน
χωριό

ใจกลางเมือง
κέντρο της πόλης

บ้าน
σπίτι

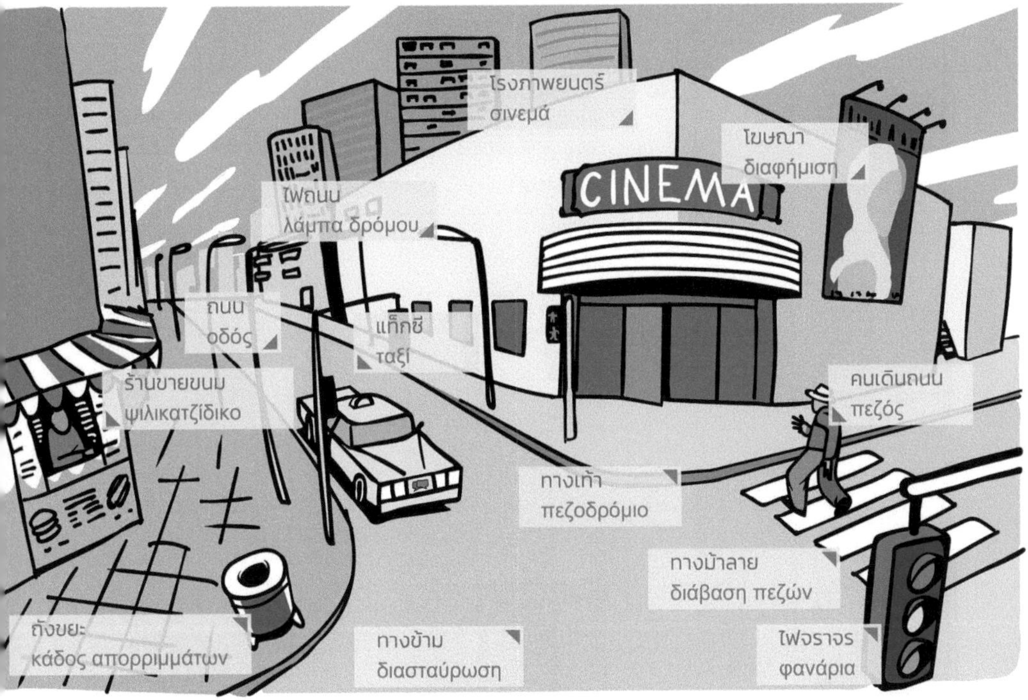

โรงภาพยนตร์
σινεμά

โฆษณา
διαφήμιση

ไฟถนน
λάμπα δρόμου

ถนน
οδός

แท็กซี่
ταξί

ร้านขายขนม
ψιλικατζίδικο

คนเดินถนน
πεζός

ทางเท้า
πεζοδρόμιο

ทางม้าลาย
διάβαση πεζών

ถังขยะ
κάδος απορριμμάτων

ทางข้าม
διασταύρωση

ไฟจราจร
φανάρια

กระท่อม
καλύβα

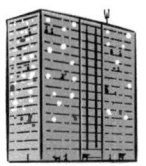

แฟลต
διαμέρισμα

สถานีรถไฟ
σιδηροδρομικός σταθμός

ศาลากลางจังหวัด
δημαρχείο

พิพิธภัณฑ์
μουσείο

โรงเรียน
σχολείο

มหาวิทยาลัย
πανεπιστήμιο

ธนาคาร
τράπεζα

โรงพยาบาล
νοσοκομείο

โรงแรม
ξενοδοχείο

ร้านขายยา
φαρμακείο

สำนักงาน
γραφείο

ร้านขายหนังสือ
βιβλιοπωλείο

ร้านค้า
κατάστημα

ร้านขายดอกไม้
ανθοπωλείο

ซูเปอร์มาร์เก็ต
σούπερ μάρκετ

ตลาด
αγορά

ห้างสรรพสินค้า
πολυκατάστημα

ร้านขายปลา
ιχθυοπωλείο

ศูนย์การค้า
εμπορικό κέντρο

ท่าเรือ
λιμάνι

เมือง - πόλη

สวนสาธารณะ

πάρκο

ม้านั่ง

παγκάκι

สะพาน

γέφυρα

บันได

σκάλες

รถไฟใต้ดิน

μετρό

อุโมงค์

τούνελ

ป้ายรถเมล์

στάση λεωφορείου

บาร์

μπαρ

ร้านอาหาร

εστιατόριο

ตู้ไปรษณีย์

γραμματοκιβώτιο

ป้ายชื่อถนน

πινακίδα δρόμου

มิเตอร์เก็บค่าจอดรถ

παρκόμετρο

สวนสัตว์

ζωολογικός κήπος

สระว่ายน้ำ

πισίνα

สุเหร่า/มัสยิด

τζαμί

ฟาร์ม
αγρόκτημα

มลพิษ
ρύπανση

สุสาน
νεκροταφείο

โบสถ์
εκκλησία

สนามเด็กเล่น
παιδική χαρά

วัด
ναός

ภูมิประเทศ

τοπίο

![landscape scene with labels]

ใบไม้
φύλλο

ป้ายบอกทาง
πινακίδα κατεύθυνσης

ทาง
δρόμος

ทุ่งหญ้า
λιβάδι

ก้อนหิน
πέτρα

นักเดินทางไกลด้วยเท้า
πεζοπόρος

ต้นไม้
δέντρο

แม่น้ำ
ποτάμι

หญ้า
χορτάρι

ดอกไม้
λουλούδι

หุบเขา
κοιλάδα

เนินเขา
λόφος

ทะเลสาบ
λίμνη

ป่า
δάσος

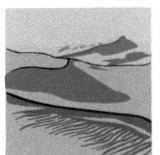

ทะเลทราย
έρημος

ภูเขาไฟ
ηφαίστειο

คฤหาสน์
κάστρο

รุ้งกินน้ำ
ουράνιο τόξο

เห็ด
μανιτάρι

ต้นปาล์ม
φοίνικας

ยุง
κουνούπι

แมลงวัน
μύγα

มด
μυρμήγκι

ผึ้ง
μέλισσα

แมงมุม
αράχνη

แมลงปีกแข็ง
σκαθάρι

กบ
βάτραχος

กระรอก
σκίουρος

เม่น
σκαντζόχοιρος

กระต่ายป่า
λαγός

นกฮูก
κουκουβάγια

นก
πουλί

หงส์
κύκνος

หมูป่าตัวผู้
αγριογούρουνο

กวาง
ελάφι

กวางมูส
άλκη

เขื่อน
φράγμα

กังหันลม
ανεμογεννήτρια

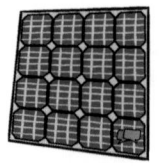

แผงโซล่าเซลล์
ηλιακός συλλέκτης

สภาพอากาศ
κλίμα

ร้านอาหาร

εστιατόριο

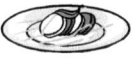

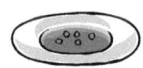

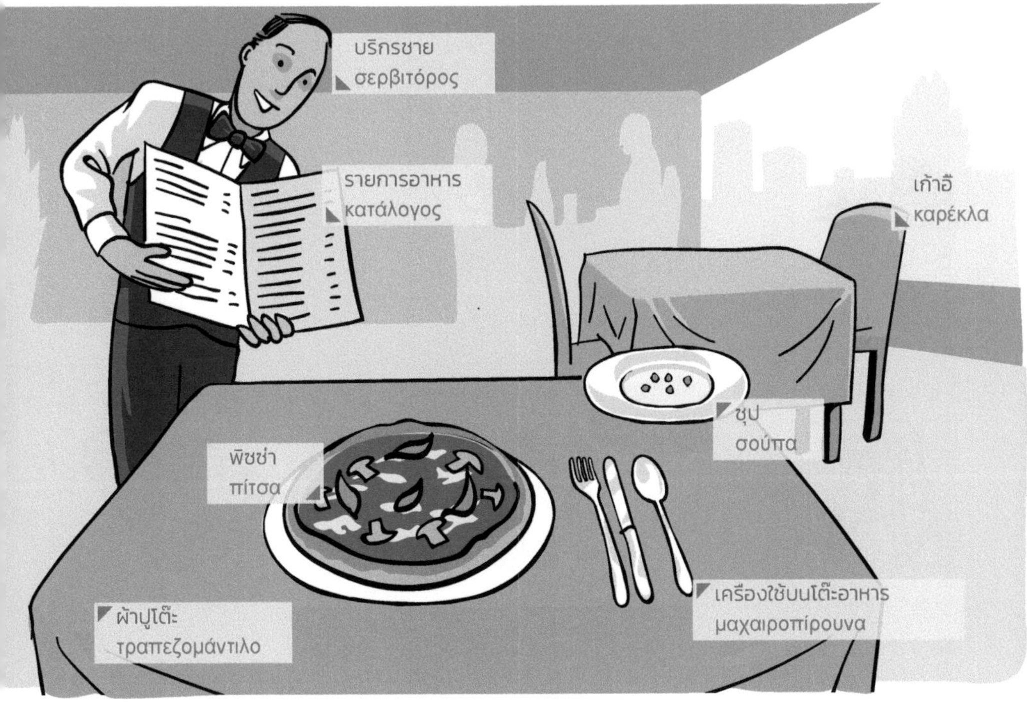
บริกรชาย
σερβιτόρος
รายการอาหาร
κατάλογος
เก้าอี้
καρέκλα
ซุป
σούπα
พิซซ่า
πίτσα
ผ้าปูโต๊ะ
τραπεζομάντιλο
เครื่องใช้บนโต๊ะอาหาร
μαχαιροπίρουνα

อาหารเรียกน้ำย่อย
....
ορεκτικό

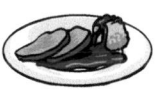

อาหารจานหลัก
....
κύριο πιάτο

ของหวาน
....
επιδόρπιο

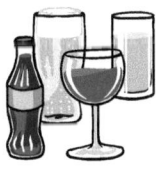

เครื่องดื่ม
....
ποτά

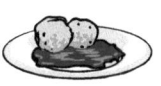

อาหาร
....
φαγητό

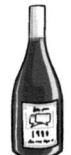

ขวด
....
μπουκάλι

อาหารจานด่วน

φαστ φουντ

ร้านข้างถนน

φαγητό στ' όρθιο

กาน้ำชา

τσαγιέρα

โถใส่น้ำตาล

δοχείο ζάχαρης

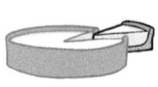

ส่วนแบ่งอาหารสำหรับหนึ่งคน

μερίδα

เครื่องชงกาแฟเอสเปรสโซ่

μηχανή εσπρέσο

เก้าอี้สูง

ψηλή καρέκλα

ใบเสร็จ

λογαριασμός

ถาด

δίσκος

มีด

μαχαίρι

ส้อม

πιρούνι

ช้อน

κουτάλι

ช้อนชา

κουταλάκι του τσαγιού

ผ้าเช็ดปากบนโต๊ะอาหาร

πετσέτα φαγητού

แก้วน้ำ

ποτήρι

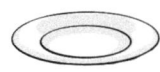

จาน
πιάτο

จานซุป
πιάτο σούπας

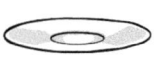

จานรอง
πιατάκι φλιτζανιού

ซอส
σάλτσα

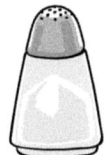

กระปุกเกลือ
αλατιέρα

กระปุกบดพริกไทย
μύλος για πιπέρι

น้ำส้มสายชู
ξύδι

น้ำมันที่ใช้ปรุงอาหาร
λάδι

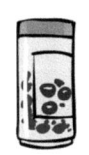

เครื่องเทศ
μπαχαρικά

ซอสมะเขือเทศ
κέτσαπ

มัสตาร์ด
μουστάρδα

มายองเนส
μαγιονέζα

ชูเปอร์มาร์เก็ต

σούπερ μάρκετ

ข้อเสนอพิเศษ
προσφορά
ลูกค้า
πελάτης
FOR
ผลิตภัณฑ์ที่ทำจากนม
γαλακτοκομικά προϊόντα
ผลไม้
φρούτα
รถเข็น
καρότσι για ψώνια

BUTCHERS

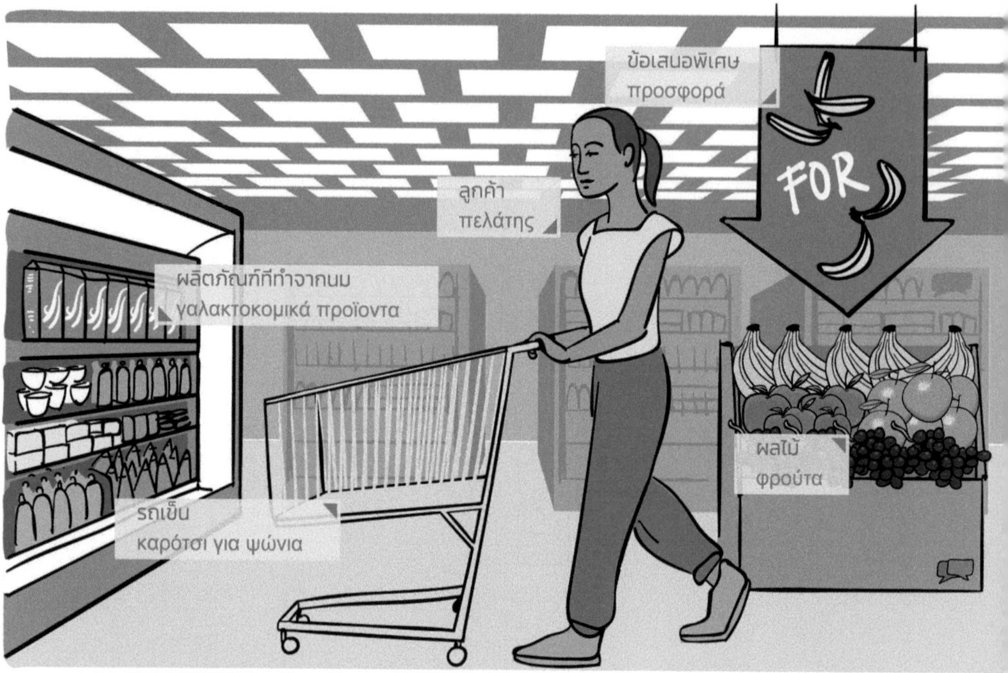

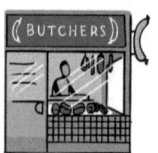

ร้านขายเนื้อ

κρεοπωλείο

BAKERY

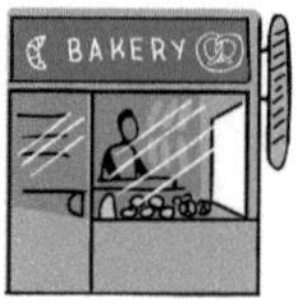

ร้านขายขนมปัง

φούρνος

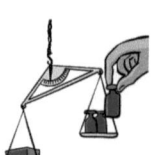

ชั่งน้ำหนัก

ζυγίζω

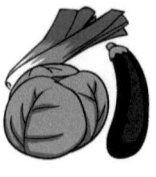

ผัก

λαχανικά

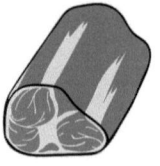

เนื้อ

κρέας

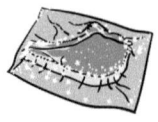

อาหารแช่แข็ง

κατεψυγμένα τρόφιμα

อาหารเนื้อตัดเย็น
อัลลันติกา
αλλαντικά

อาหารกระป๋อง
κονσερβοποιημένη τροφή

ผงซักฟอก
απορρυπαντικό ρούχων

ขนมหวาน/ลูกกวาด
γλυκά

ผลิตภัณฑ์ในครัวเรือน
οικιακά είδη

ผลิตภัณฑ์ทำความสะอาด
καθαριστικά προϊόντα

พนักงานขายหญิง
πωλήτρια

เครื่องคิดเงิน
ταμείο

พนักงานจ่ายเงิน
ταμίας

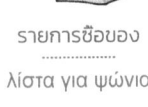

รายการซื้อของ
λίστα για ψώνια

เวลาเปิดทำการ
ωράριο λειτουργίας

กระเป๋าสตางค์
πορτοφόλι

บัตรเครดิต
πιστωτική κάρτα

กระเป๋า
τσάντα

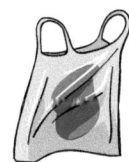

ถุงพลาสติก
πλαστική σακούλα

น้ำเปล่า
νερό

น้ำผลไม้
χυμός

นม
γάλα

โค้ก
κόκα κόλα

ไวน์
κρασί

เบียร์
μπίρα

แอลกอฮอล์
αλκοόλ

โกโก้
κακάο

ชา
τσάι

กาแฟ
καφές

เอสเปรสโซ่
εσπρέσο

คาปูชิโน่
καπουτσίνο

กล้วย

μπανάνα

แอปเปิ้ล

μήλο

ส้ม

πορτοκάλι

เมลอน

πεπόνι

มะนาว

λεμόνι

แครอท

καρότο

กระเทียม

σκόρδο

ต้นไผ่

μπαμπού

หัวหอม

κρεμμύδι

เห็ด

μανιτάρι

ถั่ว

ξηροί καρποι

ก๋วยเตี๋ยว

νουντλς

สปาเก็ตตี้
μακαρόνια

ข้าว
ρύζι

สลัด
σαλάτα

มันฝรั่งทอด
πατατάκια

มันฝรั่งทอด
τηγανητές πατάτες

พิชซ่า
πίτσα

แฮมเบอร์เกอร์
χάμπουργκερ

แซนด์วิช
σάντουιτς

ชิ้นเนื้อไร้กระดูก
κοτολέτα

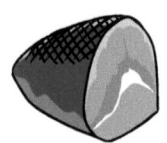

แฮม
ζαμπόν

ไส้กรอกแห้งซาลามิ
σαλάμι

ไส้กรอก
λουκάνικο

ไก่
κοτόπουλο

ย่าง/ปิ้ง
ψητό

ปลา
ψάρι

อาหาร - φαγητό

โจ๊กข้าวโอ๊ต

χυλός βρώμης

ธัญพืชอบกรอบ

μούσλι

คอร์นเฟล็ค

κορν φλέικς

แป้งทำอาหาร

αλεύρι

ครัวซองค์

κρουασάν

ขนมปังสโคน

ψωμάκι

ขนมปัง

ψωμί

ขนมปังปิ้ง

τοστ

บิสกิต

μπισκότα

เนย

βούτυρο

นมขัน

τυρόπηγμα

เค้ก

κέικ

ไข่

αυγό

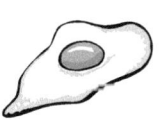

ไข่ดาว

τηγανητό αυγό

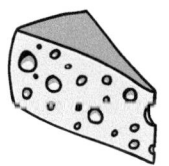

ชีส

τυρί

ไอศกรีม

παγωτό

น้ำตาล

ζάχαρη

น้ำผึ้ง

μέλι

แยม

μαρμελάδα

ช็อกโกแลตครีมสเปรด

άλλειμμα σοκολάτας

แกงกะหรี่

κάρυ

ฟาร์ม

αγρόκτημα

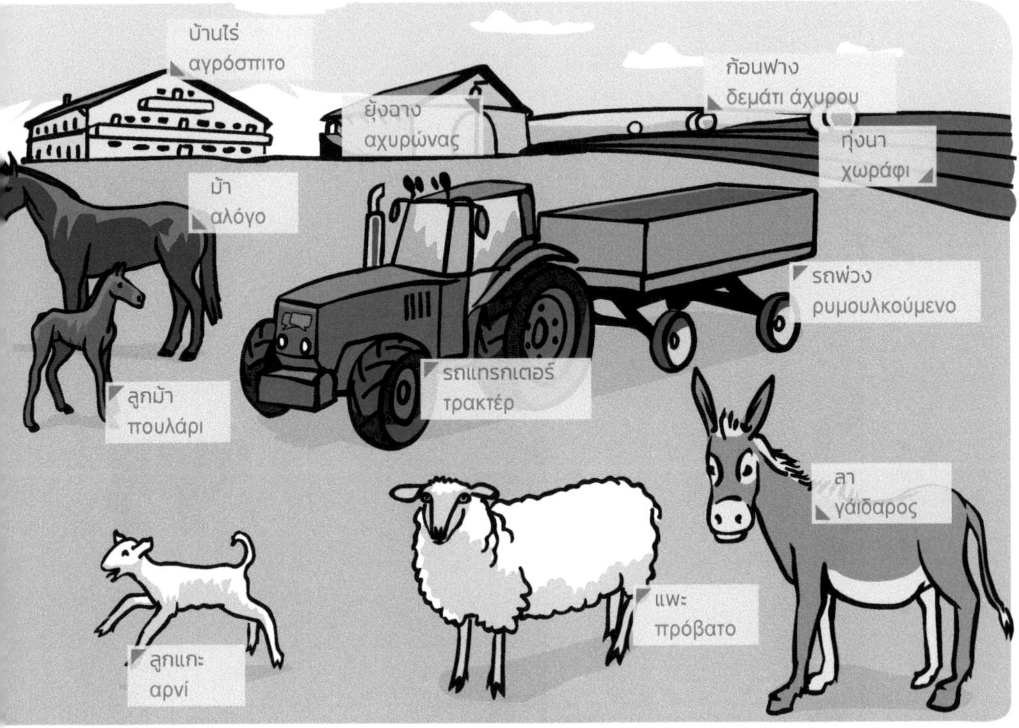
บ้านไร่
αγρόσπιτο
ยุ้งฉาง
αχυρώνας
ก้อนฟาง
δεμάτι άχυρου
ทุ่งนา
χωράφι
ม้า
αλόγο
รถพ่วง
ρυμουλκούμενο
ลูกม้า
πουλάρι
รถแทรกเตอร์
τρακτέρ
ลา
γάιδαρος
แพะ
πρόβατο
ลูกแกะ
αρνί

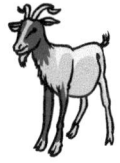

แพะ
....
κατσίκα

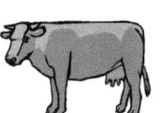

วัวตัวเมีย
....
αγελάδα

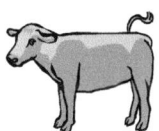

ลูกวัว
....
μοσχαράκι

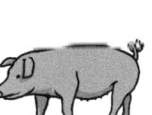

หมู
....
γουρούνι

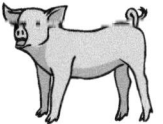

ลูกหมู
....
γουρουνάκι

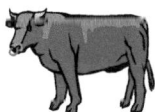

วัวตัวผู้
....
ταύρος

ห่าน
χήνα

เป็ด
πάπια

ลูกไก่
κοτοπουλάκι

แม่ไก่
κότα

ไก่ตัวผู้
κόκορας

หนู
αρουραίος

แมว
γάτα

หนู
ποντίκι

วัวตัวผู้สำหรับใช้แรงงานในฟาร์ม
βόδι

สุนัข
σκύλος

บ้านสุนัข
σπιτάκι σκύλου

สายยางที่ใช้ในสวน
λάστιχο κήπου

บัวรดน้ำต้นไม้
ποτιστήρι

เคียวด้ามยาว
θεριστήρι

คันไถ
αλέτρι

เคียว
 δρεπάνι

จอบ
τσάπα

คราด
δίκρανο

ค้อน
τσεκούρι

รถเข็นล้อเดียว
χειράμαξα

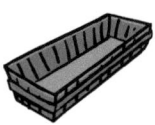

รางน้ำ
ταΐστρα

ถังใส่นม
δοχείο γάλακτος

กระสอบ
σάκος

รั้ว
φράχτης

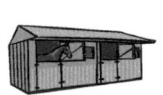

คอกม้า
στάβλος

เรือนกระจก
θερμοκήπιο

ดิน
έδαφος

เมล็ดพืช
σπόρος

ปุ๋ย
λίπασμα

เครื่องเกี่ยวนวดข้าว
θεριζοαλωνιστική μηχανή

ฟาร์ม - αγρόκτημα

เก็บเกี่ยว
θερίζω

การเก็บเกี่ยว
συγκομιδή

มันเทศ
γιαμς

ข้าวสาลี
σιτάρι

ถั่วเหลือง
σόγια

มันฝรั่ง
πατάτα

ข้าวโพด
καλαμπόκι

ดอกเรพซีด
κράμβη

ต้นไม้ที่ออกผล
οπωροφόρο δέντρο

มันสำปะหลัง
μανιόκα

ธัญพืช
δημητριακά

บ้าน
σπίτι

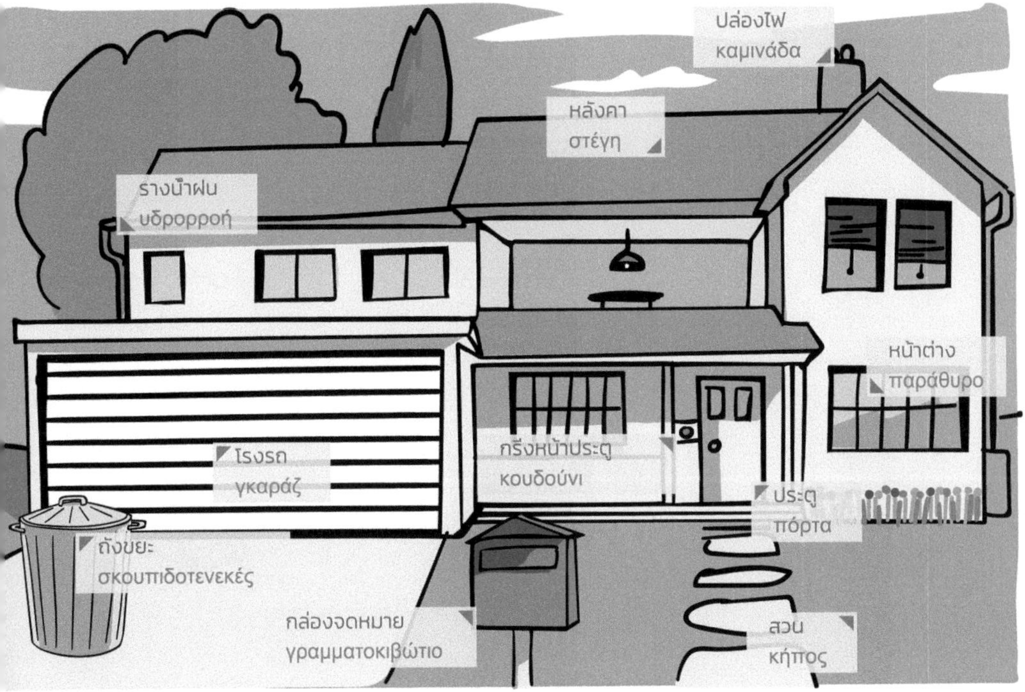

ปล่องไฟ
καμινάδα
หลังคา
στέγη
รางน้ำฝน
υδρορροή
หน้าต่าง
παράθυρο
โรงรถ
γκαράζ
กริ่งหน้าประตู
κουδούνι
ประตู
πόρτα
ถังขยะ
σκουπιδοτενεκές
กล่องจดหมาย
γραμματοκιβώτιο
สวน
κήπος

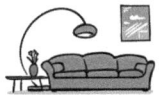

ห้องนั่งเล่น

σαλόνι

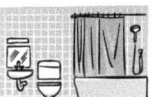

ห้องน้ำ

μπάνιο

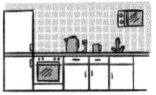

ห้องครัว

κουζίνα

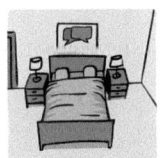

ห้องนอน

υπνοδωμάτιο

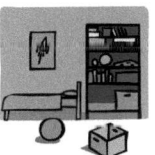

ห้องพักสำหรับเด็ก

παιδικό δωμάτιο

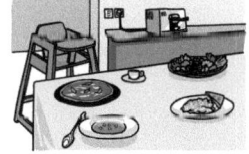

ห้องอาหาร

τραπεζαρία

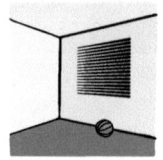

พื้น
πάτωμα

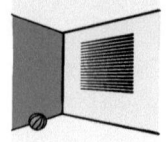

ผนัง
τοίχος

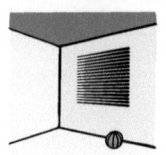

เพดาน
οροφή

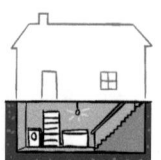

ห้องเก็บของใต้ดิน
κελάρι

ซาวน่า
σάουνα

ระเบียง
μπαλκόνι

ลานตะพักลำน้ำ
βεράντα

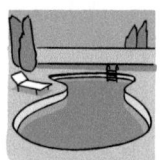

สระว่ายน้ำ
πισίνα

เครื่องตัดหญ้า
μηχανή του γκαζόν

ผ้าปูที่นอน
σεντόνι

ผ้าคลุมเตียง
κάλυμμα κρεβατιού

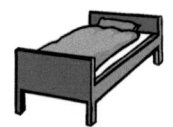

เตียง
κρεβάτι

ไม้กวาด
σκούπα

ถังน้ำ
κουβάς

สวิตช์
διακόπτης

ห้องนั่งเล่น

σαλόνι

วอลเปเปอร์
ταπετσαρία
ภาพ
φωτογραφία
โคมไฟ
λάμπα
ชั้นวาง
ράφι
ตู้
ντουλάπι
โทรทัศน์
τηλεόραση
เตาผิง
τζάκι
ดอกไม้
λουλούδι
เบาะ
μαξιλάρι
โซฟา
καναπές
แจกัน
βάζο
รีโมทคอนโทรล
τηλεκοντρόλ

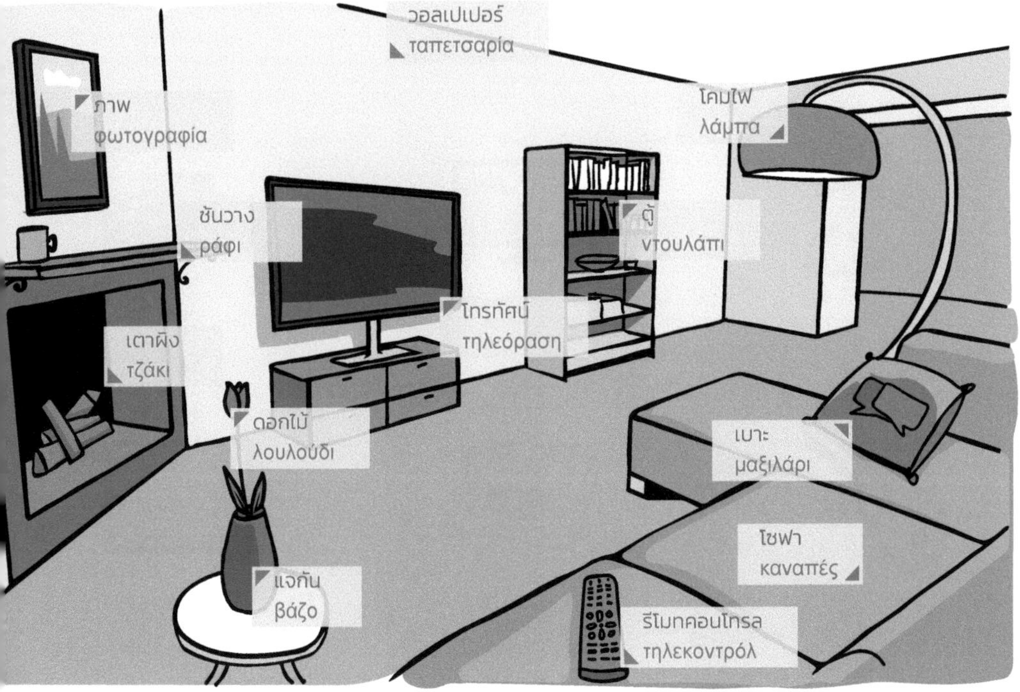

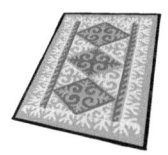

พรมเช็ดเท้า

χαλί

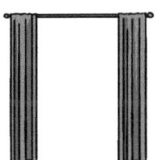

ผ้าม่าน

κουρτίνα

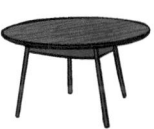

โต๊ะ

τραπέζι

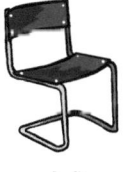

เก้าอี้

καρέκλα

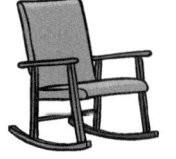

เก้าอี้โยก

κουνιστή πολυθρόνα

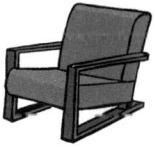

เก้าอี้ที่มีที่วางแขน

πολυθρόνα

หนังสือ
βιβλίο

ผ้าห่ม
κουβέρτα

ของตกแต่ง
διακόσμηση

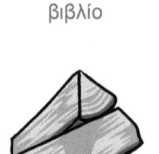

ฟืน
καυσόξυλα

ภาพยนตร์
ταινία

เครื่องเสียงระบบไฮไฟ
στερεοφωνικό σύστημα

กุญแจ
κλειδί

หนังสือพิมพ์
εφημερίδα

จิตรกรรม
πίνακας ζωγραφικής

โปสเตอร์
αφίσα

วิทยุ
ραδιόφωνο

สมุด
σημειωματάριο

เครื่องดูดฝุ่น
ηλεκτρική σκούπα

ตะบองเพชร
κάκτος

เทียนไข
κερί

ห้องครัว

κουζίνα

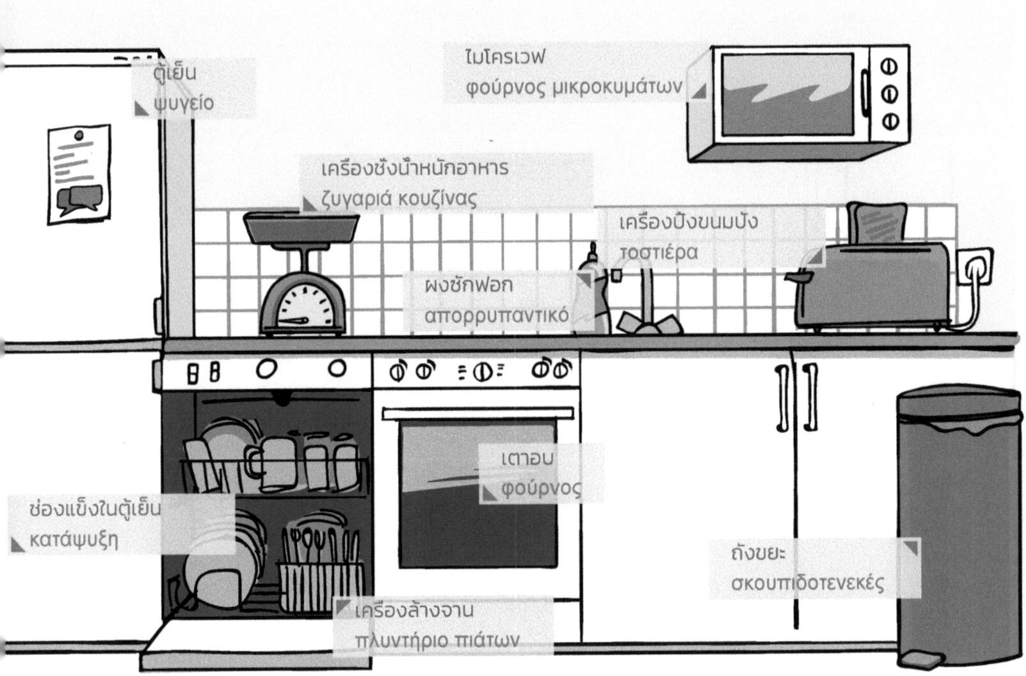
ตู้เย็น
ψυγείο
ไมโครเวฟ
φούρνος μικροκυμάτων
เครื่องชั่งน้ำหนักอาหาร
ζυγαριά κουζίνας
เครื่องปิ้งขนมปัง
τοστιέρα
ผงซักฟอก
απορρυπαντικό
เตาอบ
φούρνος
ช่องแข็งในตู้เย็น
κατάψυξη
ถังขยะ
σκουπιδοτενεκές
เครื่องล้างจาน
πλυντήριο πιάτων

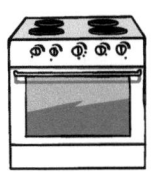

เตาปรุงอาหาร

κουζίνα

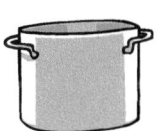

หม้อ

κατσαρόλα

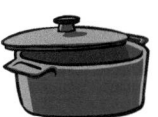

หม้อเหล็กหล่อ

μαντεμένια κατσαρόλα

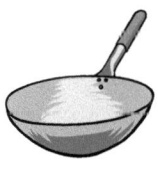

กระทะจีน

γουόκ/καντάι

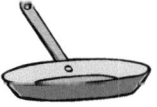

กระทะ

τηγάνι

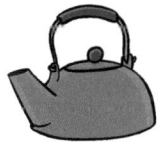

กาต้มน้ำ

βραστήρας

หม้อไอน้ำ

ατμομάγειρας

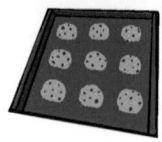

ถาดอบ

ταψί

เครื่องถ้วยชาม

πιατικά

เหยือก

κούπα

ชาม

μπολ

ตะเกียบ

ξυλάκια

ทัพพีด้ามยาว

κουτάλα

ตะหลิว

σπάτουλα

ที่ตีไข่

ανακατεύω

ที่กรอง

σουρωτήρι

กระชอน

σουρωτηράκι

ที่ขูด

τρίφτης

ครก

γουδί

บาร์บีคิว

ψησταριά

แคมป์ไฟถาวร

ανοιχτή φωτιά

เขียง
σανίδα κοπής

ไม้นวดแป้ง
πλάστης

สว่านเปิดจุกขวด
ανοιχτήρι φελλών

กระป๋อง
κονσέρβα

ที่เปิดกระป๋อง
ανοιχτήρι κονσέρβας

ถุงมือจับของร้อน
γάντι φούρνου

อ่างล้างจาน
νεροχύτης

แปรง
βούρτσα

ฟองน้ำ
σφουγγάρι

เครื่องปั่น
μπλέντερ

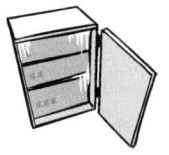

ตู้แช่แข็ง
καταψύκτης

ขวดนม
μπιμπερό

ก๊อกน้ำ
βρύση

ห้องน้ำ

μπάνιο

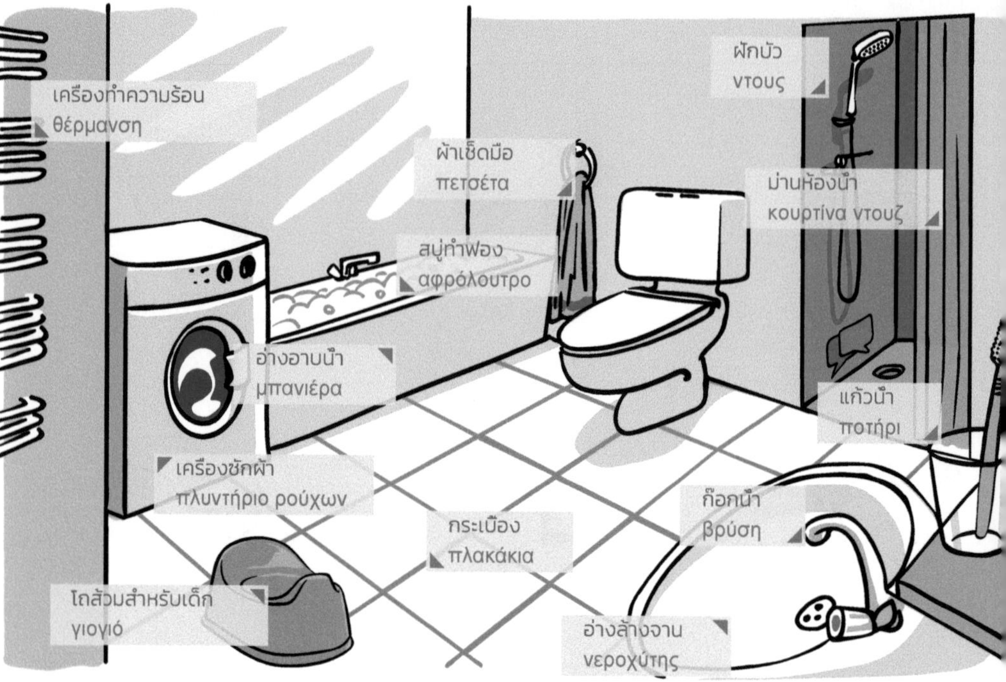

เครื่องทำความร้อน
θέρμανση
ผ้าเช็ดมือ
πετσέτα
ฝักบัว
ντους
ม่านห้องน้ำ
κουρτίνα ντουζ
สบู่ทำฟอง
αφρόλουτρο
อ่างอาบน้ำ
μπανιέρα
แก้วน้ำ
ποτήρι
เครื่องซักผ้า
πλυντήριο ρούχων
ก๊อกน้ำ
βρύση
กระเบื้อง
πλακάκια
โถส้วมสำหรับเด็ก
γιογιό
อ่างล้างจาน
νεροχύτης

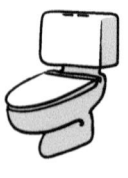

ห้องส้วม

τουαλέτα

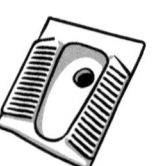

ส้วมนั่งยอง

τούρκικη τουαλέτα

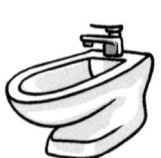

โถปัสสาวะหญิง

μπιντές

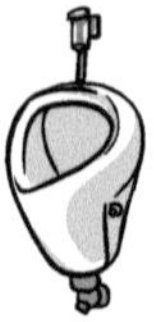

โถปัสสาวะชาย

ουρητήριο

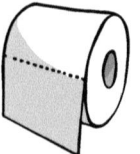

กระดาษชำระสำหรับใช้ในห้องน้ำ

χαρτί υγείας

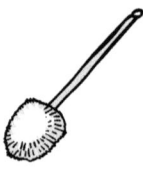

แปรงขัดห้องน้ำ

πιγκάλ

แปรงสีฟัน
οδοντόβουρτσα

ยาสีฟัน
οδοντόκρεμα

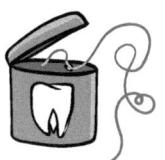

ไหมขัดฟัน
οδοντικό νήμα

ล้าง
πλένω

ฝักบัวมือ
τηλέφωνο ντους

สายฉีดชำระ
ντουσιέρα

อ่างล้างหน้า
λεκάνη

แปรงถูหลัง
βούρτσα πλάτης

สบู่
σαπούνι

เจลอาบน้ำ
αφρόλουτρο

แชมพู
σαμπουάν

ผ้าสักหลาด
φανέλα

ท่อระบายน้ำทิ้ง
σιφόνι

ครีม
κρέμα

ผลิตภัณฑ์ระงับกลิ่นตัว
αποσμητικό

กระจก
คาθρέφτης

กระจกถือ
καθρέφτης χειρός

ที่โกนหนวด
ξυραφάκι

โฟมโกนหนวด
αφρός ξυρίσματος

โลชั่นบำรุงผิวหลังโกนหนวด
αφτερσέιβ

หวี
χτένα

แปรง
βούρτσα

ไดร์เป่าผม
σεσουάρ

สเปรย์ฉีดผม
λακ

ชุดเครื่องสำอาง
μακιγιάζ

ลิปสติก
κραγιόν

น้ำยาทาเล็บ
βερνίκι νυχιών

สำลี
βαμβάκι

กรรไกรตัดเล็บ
ψαλίδι νυχιών

น้ำหอม
άρωμα

กระเป๋าอาบน้ำ
νεσεσέρ

เก้าอี้สามขา
σκαμπό

เครื่องชั่งน้ำหนัก
ζυγαριά

เสื้อคลุมอาบน้ำ
μπουρνούζι

ถุงมือยาง
ελαστικά γάντια

ผ้าอนามัยแบบสอด
ταμπόν

ผ้าอนามัย
πετσέτα υγιεινής

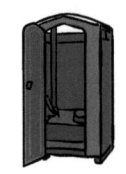

ส้วมเคมี
χημική τουαλέτα

ห้องพักสำหรับเด็ก

παιδικό δωμάτιο

นาฬิกาปลุก
ξυπνητήρι
ของเล่นน่ารักน่ากอด
λούτρινο ζωάκι
รถยนต์ของเล่น
αυτοκινητάκι
ของเล่นประเภทเขย่าแล้วมีเสียง
κουδουνίστρα
บ้านตุ๊กตา
κουκλόσπιτο
ของขวัญ
δώρο

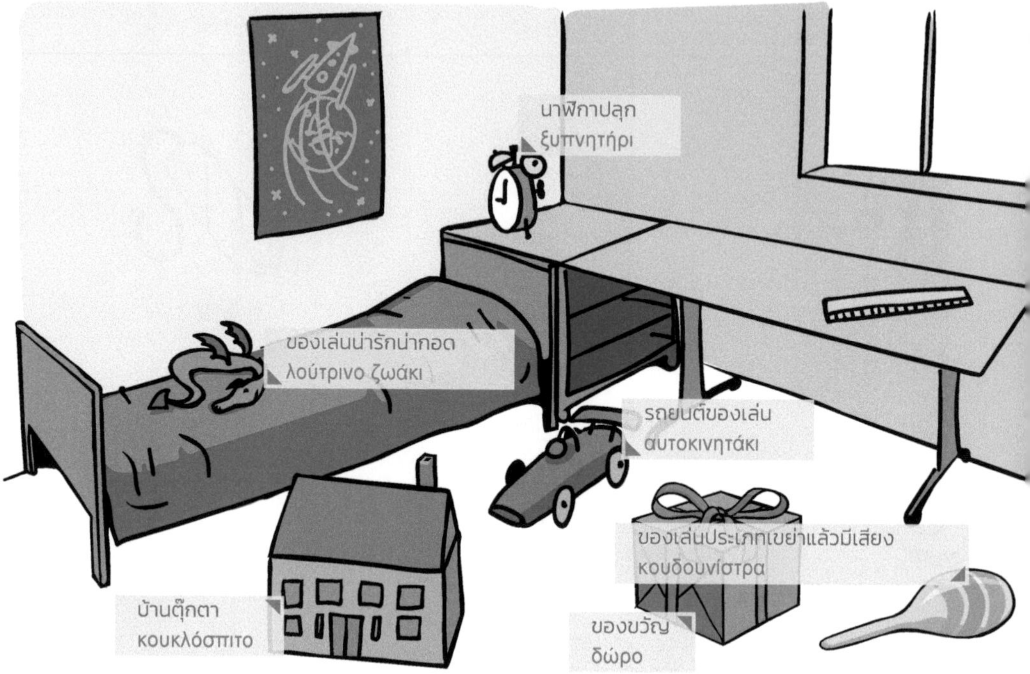

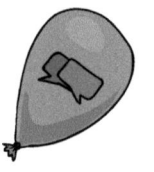

ลูกโป่ง

μπαλόνι

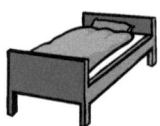

เตียง

κρεβάτι

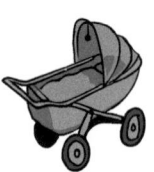

รถเข็นเด็ก

καροτσάκι

สำรับไพ่

τράπουλα

จิ๊กซอว์

παζλ

SUPER
MEGA

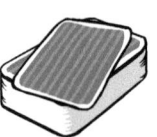

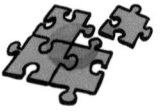

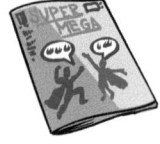

หนังสือการ์ตูน

κόμικς

ตัวต่อเลโก้
τουβλάκια lego

บล็อกของเล่น
τουβλάκια κατασκευών

ฟิกเกอร์แบบขยับท่าทางได้
φιγούρα δράσης

เสื้อผ้าทารก
βρεφικό φορμάκι

จานร่อน
φρίσμπι

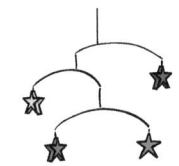

โมบายแขวนหัวเตียงเด็ก
μόμπιλο

เกมกระดาน
επιτραπέζιο παιχνίδι

ลูกเต๋า
ζάρια

ชุดรถไฟจำลอง
σετ τρενάκι

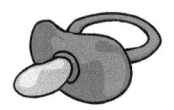

หุ่น
πιπίλα

ปาร์ตี้
πάρτι

หนังสือภาพ
εικονογραφημένο βιβλίο

ลูกบอล
μπάλα

ตุ๊กตา
κούκλα

เล่น
παίζω

หลุมทราย

σκάμμα με άμμο

ชิงช้า

κούνια

ของเล่น

παιχνίδια

เครื่องเล่นวิดีโอเกม

κονσόλα βιντεοπαιχνιδιών

รถจักรยานสามล้อ

τρίκυκλο

ตุ๊กตาหมี

αρκουδάκι

ตู้เสื้อผ้า

ντουλάπα

เสื้อผ้า

ρούχα

ถุงเท้า

κάλτσες

ถุงน่อง

καλτσοδέτες

กางเกงรัดรูป

καλσόν

ผ้าพันคอ
κασκόλ

ร่ม
ομπρέλα

เสื้อยืดคอกลม
μπλουζάκι

เข็มขัด
ζώνη

รองเท้าบูท
μπότες

รองเท้าสวมเดินในบ้าน
παντόφλες

รองเท้ากีฬา
αθλητικά παπούτσια

รองเท้าแตะ
σανδάλια

รองเท้า
παπούτσια

ร้องเท้าบูทยาง
γαλότσες

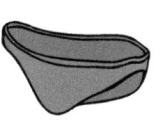

กางเกงชั้นใน
εσώρουχο

ยกทรง
σουτιέν

เสื้อกล้าม
φανέλα

เสื้อรัดรูป
σώμα

กางเกงขายาว
παντελόνι

กางเกงยีน
τζιν παντελόνι

กระโปรง
φούστα

เสื้อเชิ้ตสตรี
μπλούζα

เสื้อเชิ้ต
πουκάμισο

เสื้อกันหนาว
πουλόβερ

เสื้อคลุมมีหมวก
πουλόβερ

เสื้อเบลเซอร์
σακάκι

เสื้อแจ็กเก็ต
μπουφάν

เสื้อโค้ท
παλτό

เสื้อกันฝน
αδιάβροχο πανωφόρι

เครื่องแต่งกาย
κοστούμι

ชุดเดรส
φόρεμα

ชุดแต่งงาน
νυφικό

เสื้อสูท
κοστούμι

ชุดราตรี
νυχτικό

ชุดนอน
πιτζάμες

ผ้าส่าหรี
σάρι

ฮิญาบ
μαντήλι

ผ้าโพกศรีษะ
τουρμπάνι

เสื้อบุรเกาะ
μπούρκα

เสื้อคลุมคาฟตาน
καφτάνι

เสื้อคลุมอบายะห์
μουσουλμανικό ένδυμα

ชุดว่ายน้ำ
ολόσωμο μαγιό

กางเกงว่ายน้ำ
ανδρικό μαγιό

กางเกงขาสั้น
σορτς

ชุดวอร์ม
αθλητική φόρμα

ผ้ากันเปื้อน
ποδιά

ถุงมือ
γάντια

กระดุม
κουμπί

แว่นตา
γυαλιά

กำไลข้อมือ
βραχιόλι

สร้อยคอ
περιδέραιο

แหวน
δαχτυλίδι

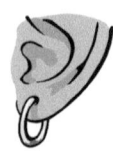

ต่างหู
σκουλαρίκι

หมวกแก๊ป
καπέλο

ที่แขวนเสื้อโค้ท
κρεμάστρα

หมวกปีกกว้าง
καπέλο

เนคไท
γραβάτα

ซิป
φερμουάρ

หมวกกันน็อก
κράνος

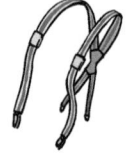

สายโยงกางเกง
τιράντες

ชุดนักเรียน
μαθητική στολή

เครื่องแบบ
στολή

เสื้อผ้า - ρούχα

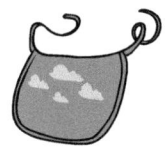

ผ้ากันเปื้อนเด็ก

σαλιάρα

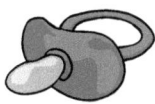

หุ่น

πιπίλα

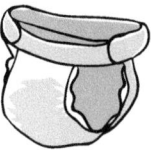

ผ้าอ้อม

πάνα

สำนักงาน

γραφείο

เซิร์ฟเวอร์
σέρβερ
ตู้เก็บเอกสาร
αρχειοθήκη
ปริ้นเตอร์/เครื่องพิมพ์
εκτυπωτής
กระดาษ
χαρτί
หน้าจอ
οθόνη
เมาส์
ποντίκι
โต๊ะทำงาน
γραφείο
แฟ้ม
ντοσιέ
แป้นพิมพ์
πληκτρολόγιο
ร้าใส่เศษกระดาษที่ไม่ใช้แล้ว
ιάθι αχρήστων
คอมพิวเตอร์
υπολογιστής
เก้าอี้
καρέκλα

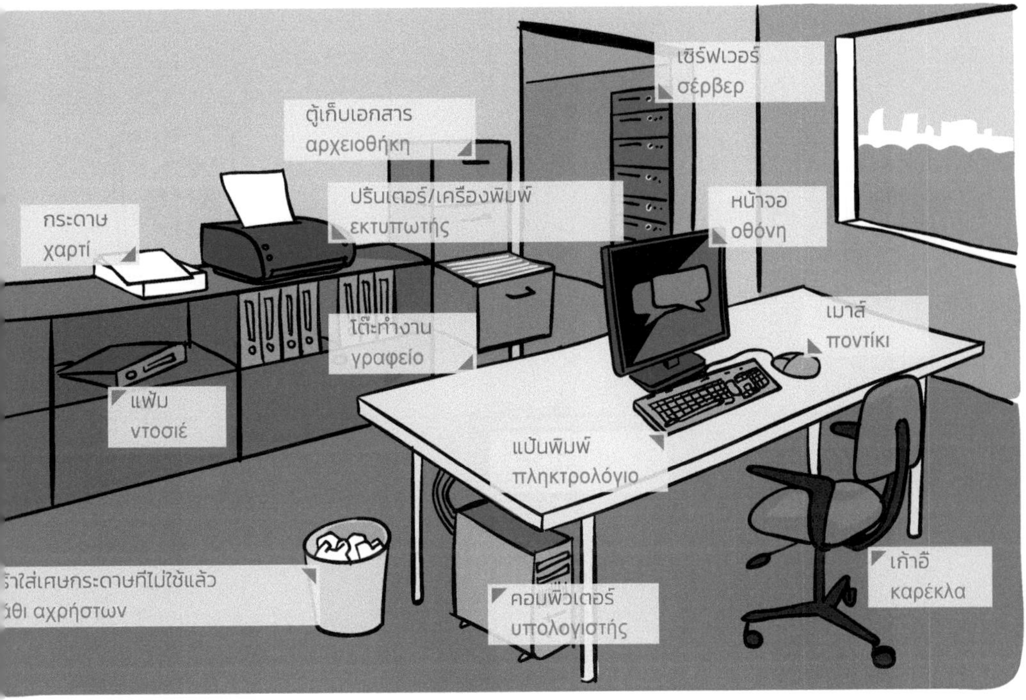

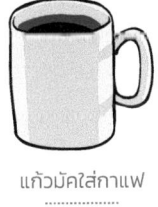

แก้วมัคใส่กาแฟ

κούπα του καφέ

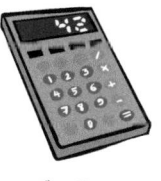

เครื่องคิดเลข

κομπιουτεράκι

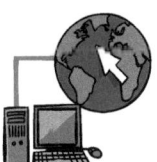

อินเตอร์เน็ต

ίντερνετ

คอมพิวเตอร์แบบพกพา
λάπτοπ

จดหมาย
γράμμα

ข้อความ
μήνυμα

โทรศัพท์มือถือ
κινητό

เครือข่าย
δίκτυο

เครื่องถ่ายเอกสาร
φωτοτυπικό μηχάνημα

ซอฟต์แวร์
λογισμικό

โทรศัพท์
τηλέφωνο

ปลั๊กตัวเมีย/เต้าเสียบ
πρίζα

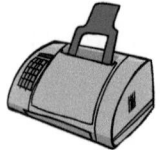

เครื่องแฟกซ์
συσκευή φαξ

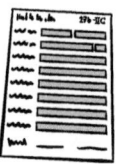

แบบฟอร์ม
έντυπο

เอกสาร
έγγραφο

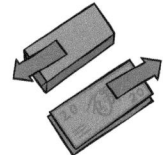

ซื้อ
αγοράζω

จ่าย
πληρώνω

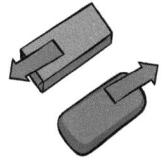

แลกเปลี่ยน
συναλλάσσομαι

เงิน
χρήματα

ดอลลาร์
δολάριο

ยูโร
ευρώ

เยน
γιεν

รูเบิล
ρούβλι

ฟรังก์สวิส
ελβετικό φράγκο

หยวนเหรินหมินปี้
ρενμίνμπι γιουάν

รูปี
ρουπία

เครื่องสำหรับกดเงินสดจากธนาคาร
ATM (αυτόματη ταμειακή μηχανή)

สำนักงานแลกเปลี่ยนเงินตรา

ανταλλακτήρια
συναλλάγματος

ทอง

χρυσός

เงิน

ασήμι

น้ำมัน

πετρέλαιο

พลังงาน

ενέργεια

ราคา

τιμή

สัญญา

συμβόλαιο

ภาษี

φόρος

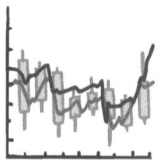

หุ้น

μετοχή

ทำงาน

δουλεύω

ลูกจ้าง

υπάλληλος

นายจ้าง

εργοδότης

โรงงาน

εργοστάσιο

ร้านค้า

κατάστημα

อาชีพ

επαγγέλματα

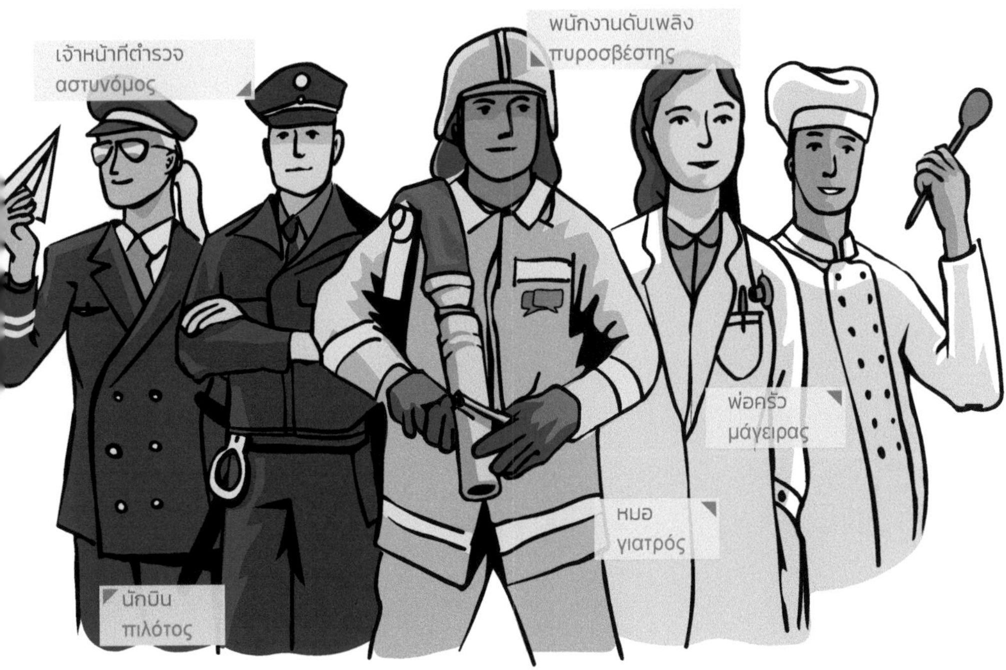
เจ้าหน้าที่ตำรวจ
αστυνόμος
พนักงานดับเพลิง
πυροσβέστης
พ่อครัว
μάγειρας
หมอ
γιατρός
นักบิน
πιλότος

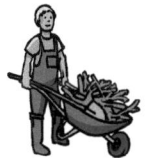

ชาวสวน

κηπουρός

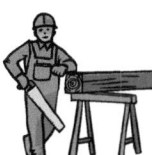

ช่างไม้

ξυλουργός

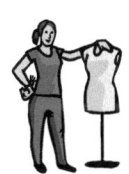

ช่างเย็บผ้าที่เป็นผู้หญิง

μοδίστρα

ผู้พิพากษา

δικαστής

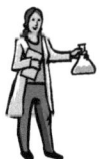

นักเคมี

χημικός

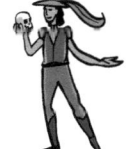

นักแสดงชาย

ηθοποιός

คนขับรถประจำทาง
οδηγός λεωφορείου

คนขับรถแท็กซี่
ταξιτζής

ชาวประมง
ψαράς

แม่บ้านทำความสะอาด
καθαρίστρια

ช่างมุงหลังคา
τεχνίτης στεγών

บริกรชาย
σερβιτόρος

นายพราน
κυνηγός

จิตรกร
ζωγράφος

คนทำขนมปัง
αρτοποιός

ช่างไฟฟ้า
ηλεκτρολόγος

ช่างก่อสร้าง
οικοδόμος

วิศวกร
μηχανολόγος

คนขายเนื้อ
κρεοπώλης

ช่างประปา
υδραυλικός

บุรุษไปรษณีย์
ταχυδρόμος

ทหาร
στρατιώτης

สถาปนิก
αρχιτέκτονας

พนักงานจ่ายเงิน
ταμίας

คนขายดอกไม้
ανθοπώλης

ช่างทำผม
κομμωτής

พนักงานตรวจตั๋ว
ελεγκτής εισιτηρίων

ช่างซ่อมรถยนต์
μηχανικός

กัปตัน
καπετάνιος

ทันตแพทย์
οδοντίατρος

นักวิทยาศาสตร์
επιστήμονας

แรบไบ
ραβίνος

อิหม่าม
ιμάμης

พระ
μοναχός

พระ/นักบวช
ιερέας

เครื่องมือ

εργαλεία

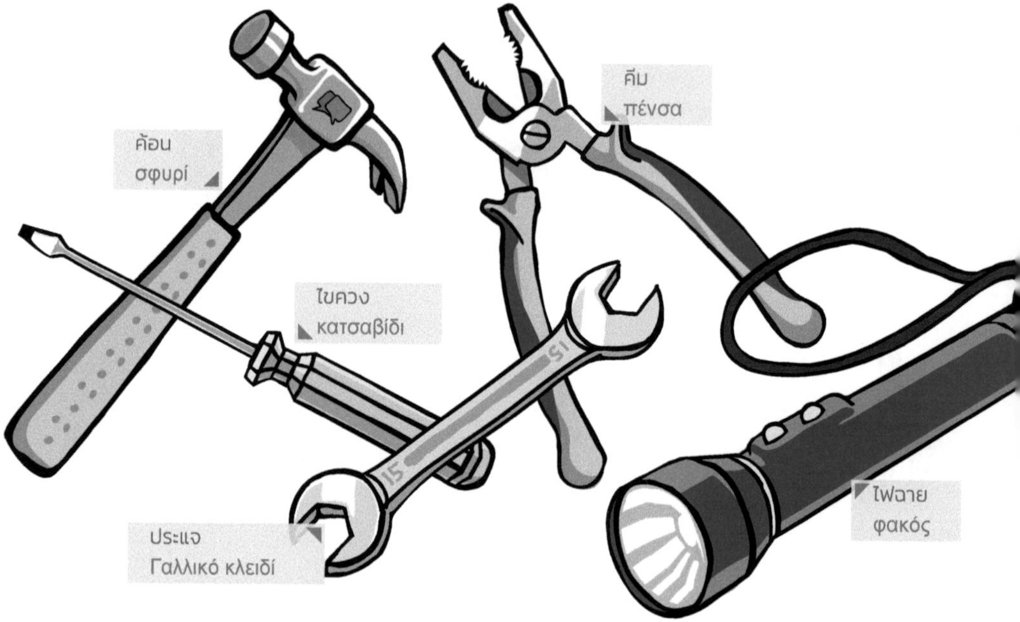

ค้อน
σφυρί
คีม
πένσα
ไขควง
κατσαβίδι
ประแจ
Γαλλικό κλειδί
ไฟฉาย
φακός

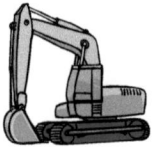

เครื่องขุด

εκσκαφέας

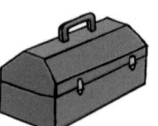

กล่องเครื่องมือ

εργαλειοθήκη

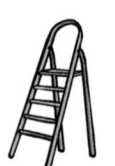

กระได

σκάλα

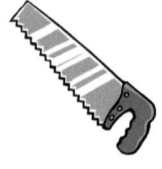

เลื่อย

πριόνι

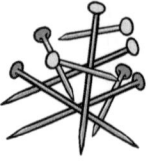

ตะปู

καρφιά

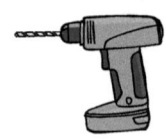

สว่าน

τρυπάνι

ซ่อมแซม
....
επισκευάζω

พลั่ว
....
φτυάρι

ตายห่า!
....
Να πάρει!

ที่โกยขยะ
....
φαράσι

ถังสี
....
δοχείο χρωμάτων

สกรู
....
βίδες

เครื่องดนตรี
μουσικά όργανα

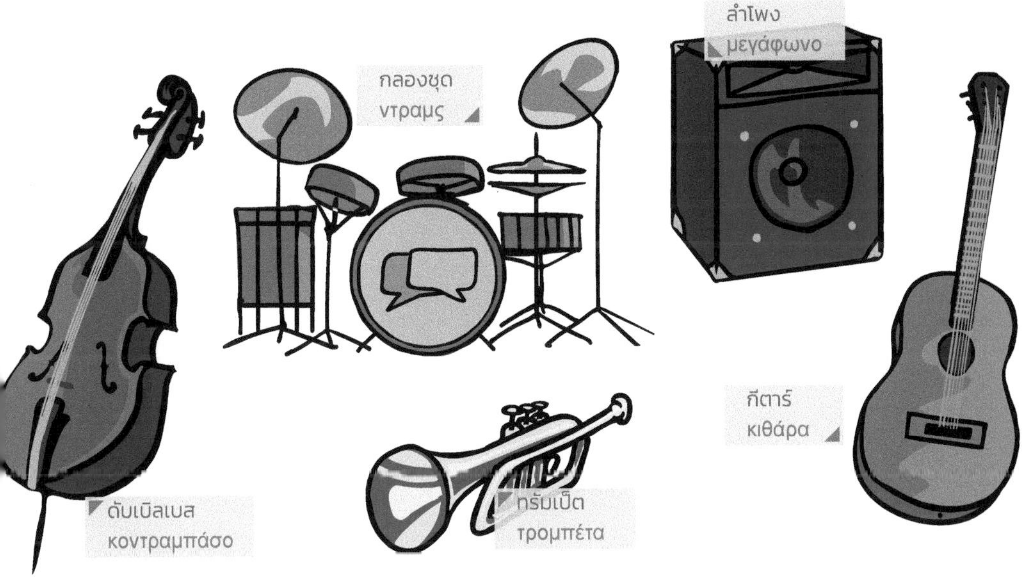

กลองชุด
ντραμς

ลำโพง
μεγάφωνο

กีตาร์
κιθάρα

ดับเบิลเบส
κοντραμπάσο

ทรัมเป็ต
τρομπέτα

เปียโน
πιάνο

ไวโอลิน
βιολί

เบส
μπάσο

กลองทิมปานี
τύμπανα

กลอง
τύμπανο

คีย์บอร์ด
πλήκτρα

แซ็กโซโฟน
σαξόφωνο

ฟลูต
φλάουτο

ไมโครโฟน
μικρόφωνο

สวนสัตว์

ζωολογικός κήπος

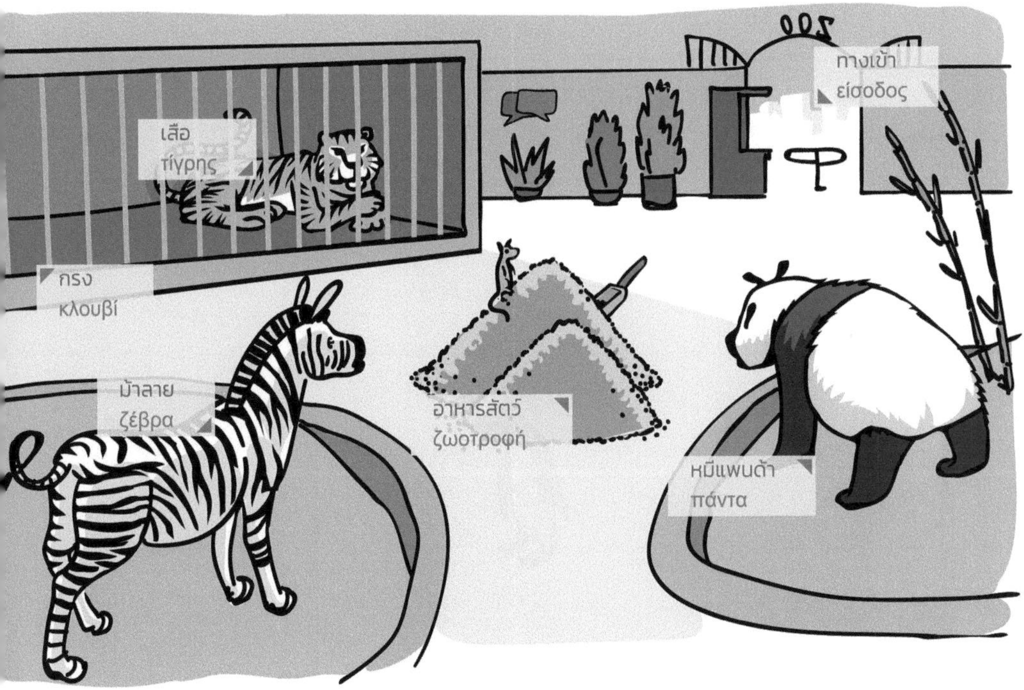

ทางเข้า
είσοδος
เสือ
τίγρης
กรง
κλουβί
ม้าลาย
ζέβρα
อาหารสัตว์
ζωοτροφή
หมีแพนด้า
πάντα

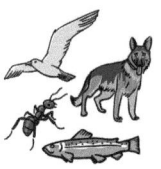

สัตว์

ζώα

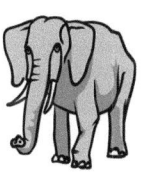

ช้าง

ελέφαντας

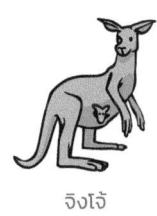

จิงโจ้

καγκουρό

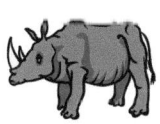

แรด

ρινόκερος

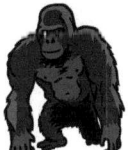

กอริลล่า

γορίλας

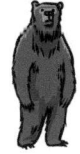

หมี

αρκούδα

อูฐ
καμήλα

นกกระจอกเทศ
στρουθοκάμηλος

สิงโต
λιοντάρι

ลิง
πίθηκος

นกฟลามิงโก
φλαμίνγκο

นกแก้ว
παπαγάλος

หมีขั้วโลก
πολική αρκούδα

เพนกวิน
πιγκουίνος

ฉลาม
καρχαρίας

นกยูง
παγώνι

งู
φίδι

จระเข้
κροκόδειλος

ผู้ดูแลสัตว์
φύλακας ζωολογικού κήπου

แมวน้ำ
φώκια

เสือจากัวร์
τζάγκουαρ

สวนสัตว์ - ζωολογικός κήπος

ม้าพันธุ์เล็ก

πόνυ

เสือดาว

λεοπάρδαλη

ฮิปโป

ιπποπόταμος

ยีราฟ

καμηλοπάρδαλη

เหยี่ยว

αετός

หมูป่าตัวผู้

αγριογούρουνο

ปลา

ψάρι

เต่า

χελώνα

ช้างน้ำ

θαλάσσιος ίππος

จิ้งจอก

αλεπού

กาเซลล์

γαζέλα

อเมริกันฟุตบอล
Αμερικάνικο ποδόσφαιρο

ขี่จักรยาน
ποδηλασία

เทนนิส
αντισφαίριση

บาสเกตบอล
μπάσκετ

ว่ายน้ำ
κολύμβηση

มวย
πυγμαχία

ฮอคกี้น้ำแข็ง
χόκεϋ επί πάγου

ฟุตบอล
ποδόσφαιρο

แบดมินตัน
μπάντμιντον

กรีฑา
στίβος

แฮนด์บอล
χάντμπολ

สกี
σκι

กีฬาโปโลน้ำ
πόλο

กิจกรรม
δραστηριότητες

กระโดด
πηδάω
กอด
αγκαλιάζω
หัวเราะ
γελάω
เดิน
περπατάω
ร้องเพลง
τραγουδάω
ฝัน
ονειρεύομαι
ภาวนา/สวดมนต์
προσεύχομαι
จูบ
φιλάω

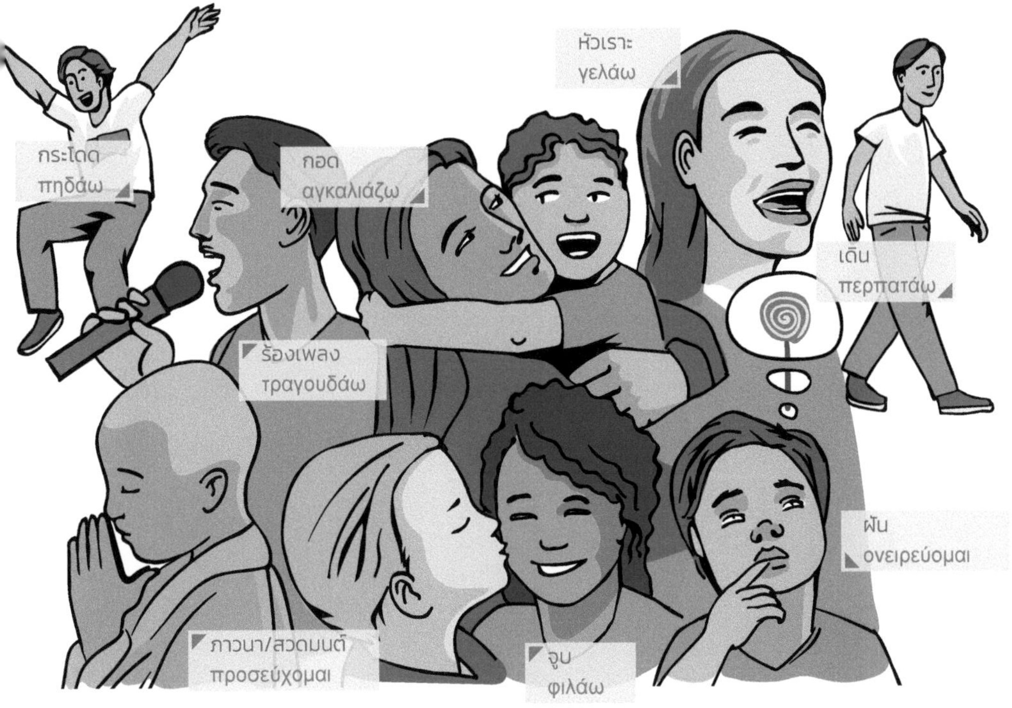

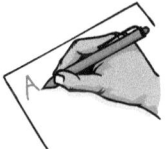

เขียน
....
γράφω

วาดภาพ
....
σχεδιάζω

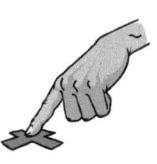

แสดง
....
δείχνω

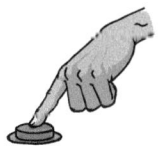

ผลัก
....
πιέζω

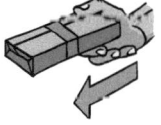

ให้
....
δίνω

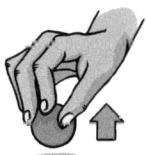

เอาไป
....
παίρνω

มี
έχω

ทำ
κάνω

เป็น
είμαι

ยืน
στέκομαι

วิ่ง
τρέχω

ดึง
τραβάω

โยน
ρίχνω

ตก/หล่น
πέφτω

นอนเหยียดยาว
ξαπλώνω

รอคอย
περιμένω

ถือ
κουβαλώ

นั่ง
κάθομαι

แต่งตัว
φοράω

นอนหลับ
κοιμάμαι

ตื่น
ξυπνάω

มองดู
κοιτάω

ร้องไห้
κλαίω

ลูบ
χαϊδεύω

หวีผม
χτενίζω

พูดคุย
μιλάω

เข้าใจ
καταλαβαίνω

ถาม
ρωτάω

ฟัง
ακούω

ดื่ม
πίνω

กิน
τρώω

จัดให้เป็นระเบียบ
συγυρίζω

รัก
αγαπάω

ทำอาหาร
μαγειρεύω

ขับรถ
οδηγώ

บิน
πετάω

ล่องเรือ
κάνω ιστιοπλοΐα

คำนวณ
υπολογίζω

อ่าน
διαβάζω

เรียนรู้
μαθαίνω

ทำงาน
δουλεύω

แต่งงาน
παντρεύομαι

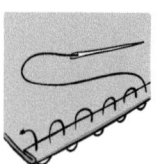

เย็บ
ράβω

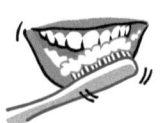

แปรงฟัน
βουρτσίζω τα δόντια

ฆ่า
σκοτώνω

สูบบุหรี่
καπνίζω

ส่ง
στέλνω

ครอบครัว

οικογένεια

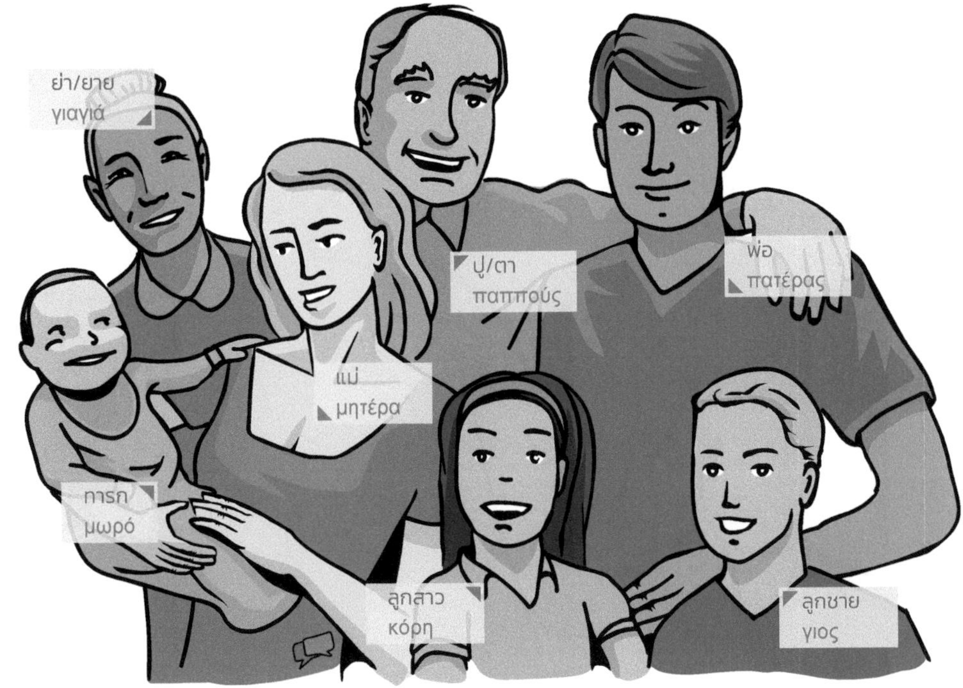

ย่า/ยาย
γιαγιά
ปู่/ตา
παππούς
พ่อ
πατέρας
แม่
μητέρα
ทารก
μωρό
ลูกสาว
κόρη
ลูกชาย
γιος

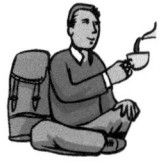

แขก
καλεσμένος

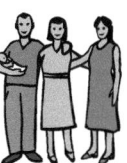

ป้า
θεία

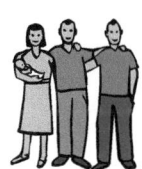

ลุง
θείος

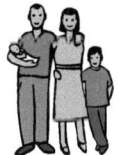

พี่ชาย/น้องชาย
αδελφός

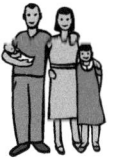

พี่สาว/น้องสาว
αδελφή

ร่างกาย

σώμα

หน้าผาก
μέτωπο
ตา
μάτι
ไหล่
ώμος
นิ้วมือ
δάχτυλο
ใบหน้า
πρόσωπο
คาง
πιγούνι
มือ
χέρι
หน้าอก
στήθος
ขา
πόδι
แขน
βραχίονας

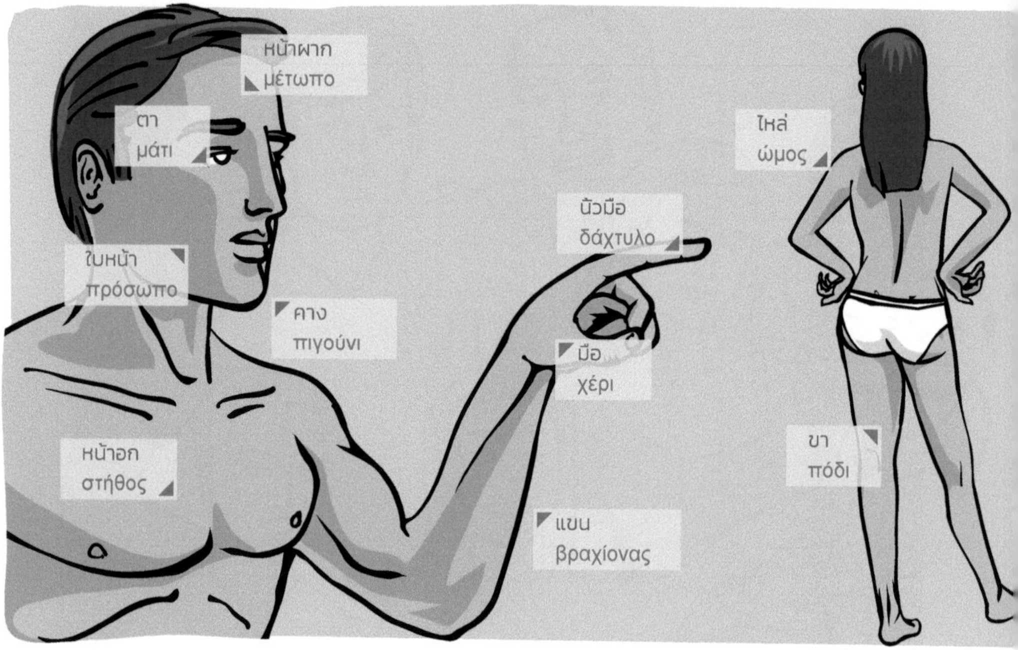

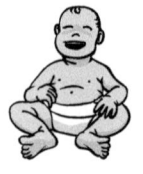

ทารก

μωρό

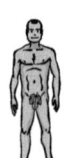

ผู้ชาย

άνδρας

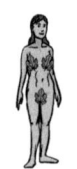

ผู้หญิง

γυναίκα

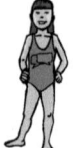

เด็กผู้หญิง

κορίτσι

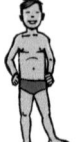

เด็กผู้ชาย

αγόρι

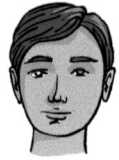

ศีรษะ

κεφάλι

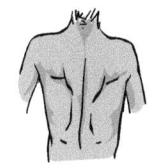

หลัง
πλάτη

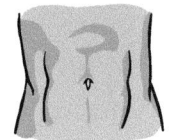

ท้อง
κοιλιά

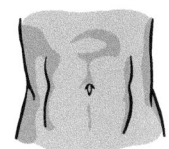

สะดือ
αφαλός

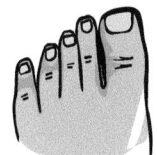

นิ้วเท้า
δάχτυλο ποδιού

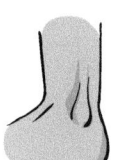

ส้นเท้า
φτέρνα

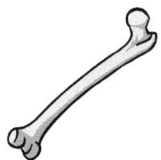

กระดูก
κόκκαλο

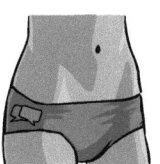

สะโพก
γοφός

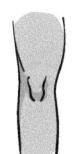

หัวเข่า
γόνατο

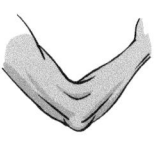

ข้อศอก
αγκώνας

จมูก
μύτη

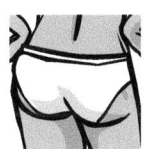

ก้น
γλουτός

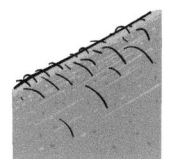

ผิวหนัง
δέρμα

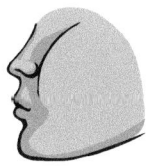

แก้ม
μάγουλο

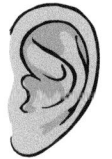

หู
αυτί

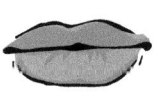

ริมฝีปาก
χείλος

ปาก

στόμα

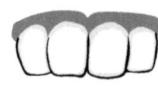

ฟัน

δόντι

ลิ้น

γλώσσα

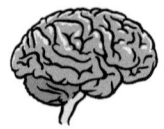

สมอง

εγκέφαλος

หัวใจ

καρδιά

กล้ามเนื้อ

μυς

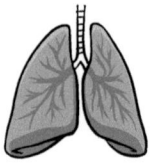

ปอด

πνεύμονας

ตับ

συκώτι

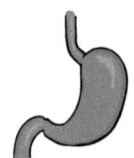

กระเพาะ

στομάχι

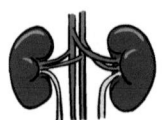

ไต

νεφρά

เพศสัมพันธ์

σεξουαλική επαφή

ถุงยาง

προφυλακτικό

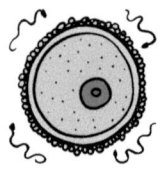

เซลล์ไข่

ωάριο

น้ำอสุจิ

σπέρμα

การตั้งครรภ์

εγκυμοσύνη

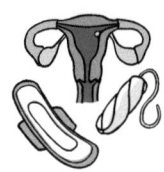

ประจำเดือน

περίοδος

ช่องคลอด

γυναικείος κόλπος

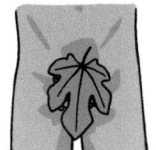

องคชาต

πέος

คิ้ว

φρύδι

เส้นผม

μαλλιά

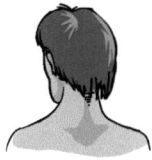

คอ

λαιμός

โรงพยาบาล

νοσοκομείο

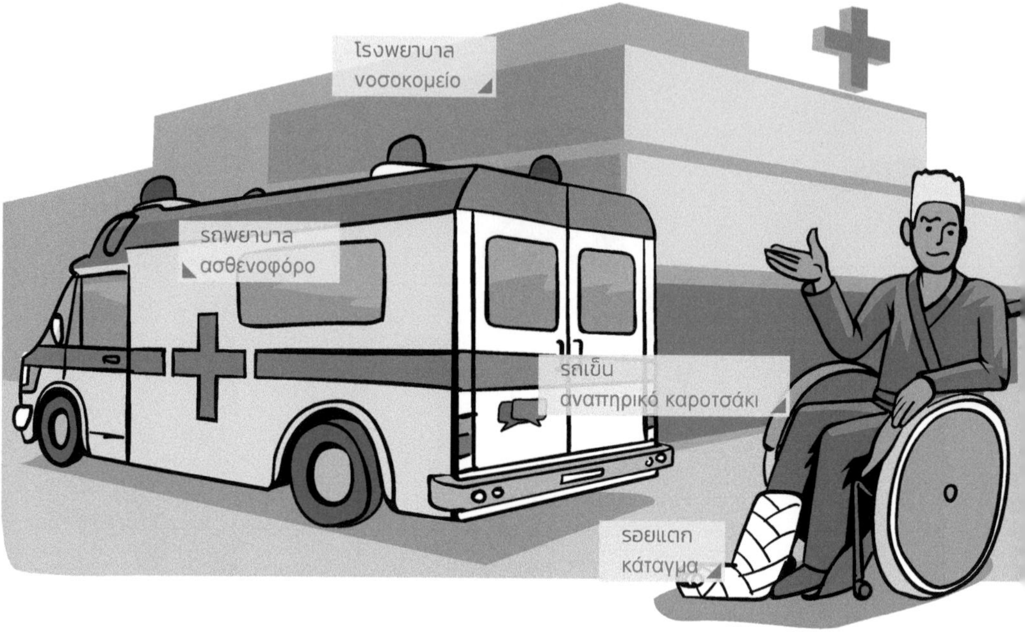

โรงพยาบาล
νοσοκομείο
รถพยาบาล
ασθενοφόρο
รถเข็น
αναπηρικό καροτσάκι
รอยแตก
κάταγμα

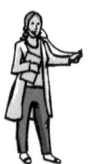

หมอ

γιατρός

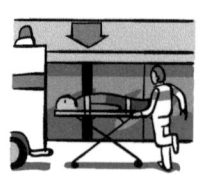

ห้องฉุกเฉิน

μονάδα εντατικής θεραπείας

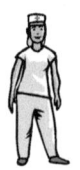

พยาบาล

νοσοκόμα

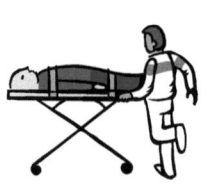

ฉุกเฉิน

έκτακτη ανάγκη

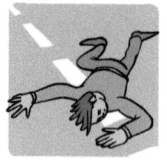

หมดสติ

λιπόθυμος

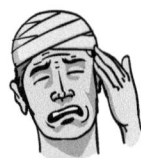

อาการเจ็บปวด

πόνος

การบาดเจ็บ
τραύμα

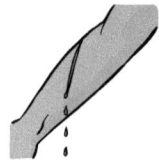

เลือดไหล
αιμορραγία

หัวใจวาย
έμφραγμα

โรคหลอดเลือดในสมอง
εγκεφαλικό

โรคภูมิแพ้
αλλεργία

ไอ
βήχας

ไข้
πυρετός

ไข้หวัด
γρίπη

ท้องเสีย
διάρροια

การปวดหัว
πονοκέφαλος

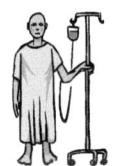

มะเร็ง
καρκίνος

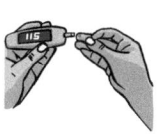

โรคเบาหวาน
διαβήτης

ศัลยแพทย์
χειρουργός

มีดผ่าตัด
νυστέρι

การผ่าตัด
εγχείρηση

เครื่องเอกชเรย์คอมพิวเตอร์ควา
มเร็วสูง

αξονική τομογραφία

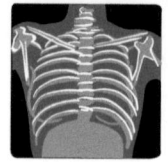

เอกชเรย์

ακτινογραφία

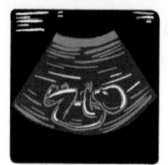

อัลตราชาวด์

υπέρηχος

หน้ากากอนามัย

μάσκα

โรค

ασθένεια

ห้องรอตรวจ

αίθουσα αναμονής

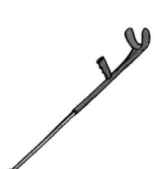

ไม้เท้า

πατερίτσα

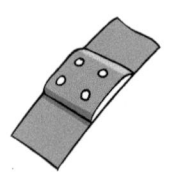

ปลาสเตอร์ยา

χάνσαπλαστ

ผ้าพันแผล

επίδεσμος

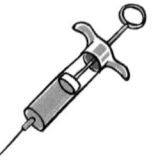

ฉีดยา

ένεση

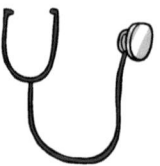

เครื่องฟังตรวจ

στηθοσκόπιο

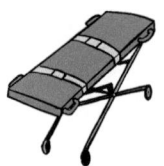

เปลหาม

φορείο

ปรอทวัดไข้

θερμόμετρο

การเกิด

γέννηση

น้ำหนักเกิน

υπέρβαρο

เครื่องช่วยฟัง
ακουστικό βαρηκοΐας

สารฆ่าเชื้อ
αντισηπτικό

การติดเชื้อ
λοίμωξη

ไวรัส
ιός

เอชไอวี/เอดส์
HIV/AIDS

ยา
φάρμακο

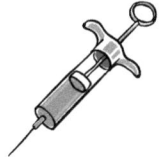

การฉีดวัคซีน
εμβολιασμός

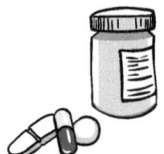

ยาเม็ด
δισκία

ยาเม็ดกลม
χάπι

โทรออกฉุกเฉิน
κλήση έκτακτης ανάγκης

เครื่องวัดความดันโลหิต
πιεσόμετρο αίματος

ป่วย/ สุขภาพดี
άρρωστος / υγιής

ช่วยด้วย!
Βοήθεια!

สัญญาณเตือนภัย
συναγερμός

การทำร้าย
βιαιοπραγία

การโจมตี
επίθεση

อันตราย
κίνδυνος

ทางออกฉุกเฉิน
έξοδος κινδύνου

ไฟไหม้!
Φωτιά!

ถังดับเพลิง
πυροσβεστήρας

อุบัติเหตุ
ατύχημα

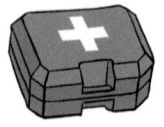

ชุดปฐมพยาบาลเบื้องต้น
κουτί πρώτων βοηθειών

สัญญาณขอความช่วยเหลือ
SOS

ตำรวจ
αστυνομία

ยุโรป

Ευρώπη

อเมริกาเหนือ

Βόρεια Αμερική

อเมริกาใต้

Νότια Αμερική

แอฟริกา

Αφρική

เอเชีย

Ασία

ออสเตรเลีย

Αυστραλία

แอตแลนติก

Ατλαντικός Ωκεανός

แปซิฟิก

Ειρηνικός Ωκεανός

มหาสมุทรอินเดีย

Ινδικός Ωκεανός

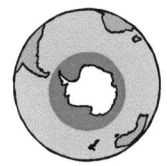

มหาสมุทรแอนตาร์กติก

Ανταρκτικός Ωκεανός

มหาสมุทรอาร์กติก

Αρκτικός Ωκεανός

ขั้วโลกเหนือ

Βόρειος Πόλος

ขั้วโลกใต้
Νότιος Πόλος

แอนตาร์กติกา
Ανταρκτική

โลก
Γη

พื้นดิน
γη

ทะเล
θάλασσα

เกาะ
νησί

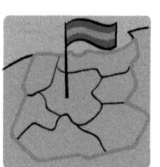

ชาติ/ประชาชาติ
έθνος

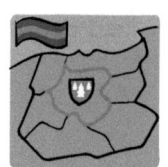

รัฐ
πολιτεία

หน้าปัดนาฬิกา

καντράν ρολογιού

เข็มชั่วโมง

ωροδείκτης

เข็มนาที

λεπτοδείκτης

เข็มวินาที

δείκτης δευτερολέπτων

กี่โมงแล้ว?

Τι ώρα είναι;

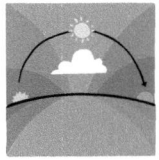

วัน

ημέρα

เวลา

χρόνος

ตอนนี้

τώρα

นาฬิกาดิจิตอล

ψηφιακό ρολόι

นาที

λεπτό

ชั่วโมง

ώρα

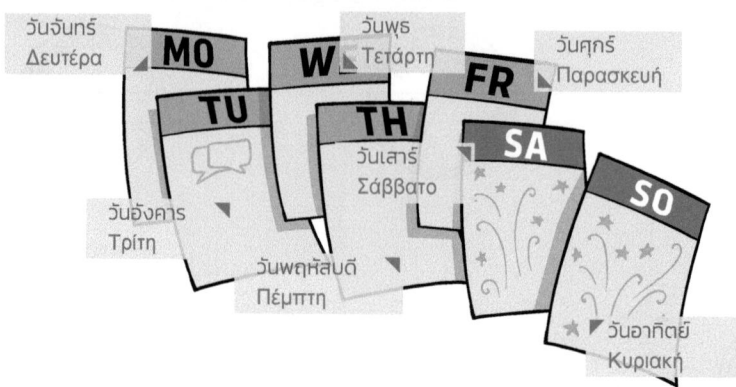

วันจันทร์ Δευτέρα — **MO**

วันพุธ Τετάρτη — **W**

วันศุกร์ Παρασκευή — **FR**

TU

TH

SA

SO

วันอังคาร Τρίτη

วันเสาร์ Σάββατο

วันพฤหัสบดี Πέμπτη

วันอาทิตย์ Κυριακή

เมื่อวาน
χθες

วันนี้
σήμερα

พรุ่งนี้
αύριο

ตอนเช้า
πρωί

ตอนเที่ยง
μεσημέρι

ตอนเย็น
βράδυ

MO	TU	WE	TH	FR	SA	SU
1	2	3	4	5	6	7
8	9	10	11	12	13	14
15	16	17	18	19	20	21
22	23	24	25	26	27	28
29	30	31	1	2	3	4

วันทำการ
εργάσιμες ημέρες

MO	TU	WE	TH	FR	SA	SU
1	2	3	4	5	6	7
8	9	10	11	12	13	14
15	16	17	18	19	20	21
22	23	24	25	26	27	28
29	30	31	1	2	3	4

วันสุดสัปดาห์
Σαββατοκύριακο

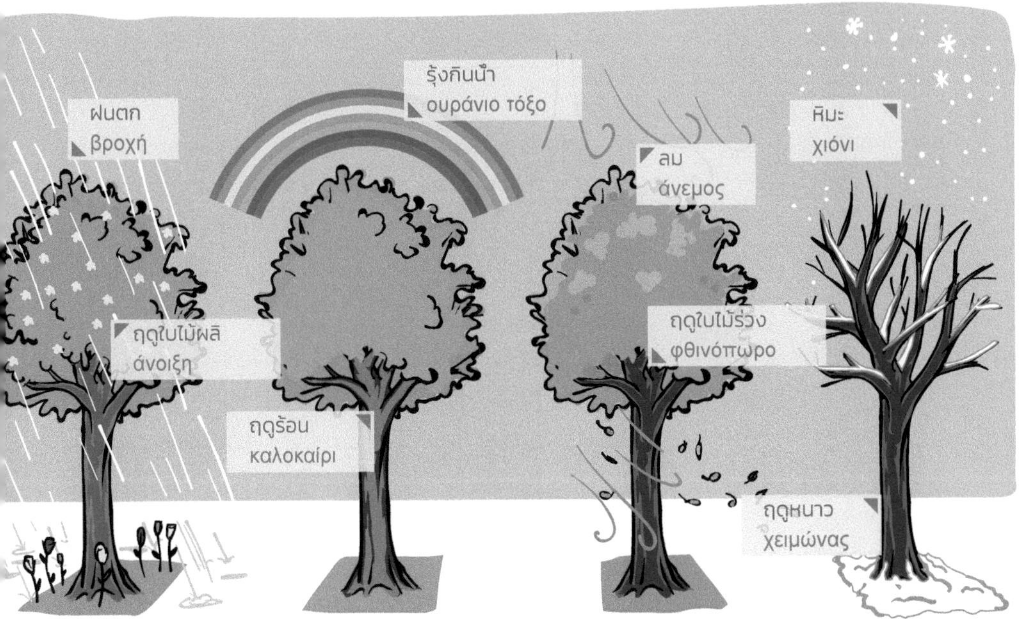

รุ้งกินน้ำ
ουράνιο τόξο
ฝนตก
βροχή
หิมะ
χιόνι
ลม
άνεμος
ฤดูใบไม้ผลิ
άνοιξη
ฤดูใบไม้ร่วง
φθινόπωρο
ฤดูร้อน
καλοκαίρι
ฤดูหนาว
χειμώνας

4.APRIL 11°
5.APRIL 4°
6.APRIL 13°
7.APRIL 8°
8.APRIL 10°

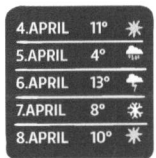

การพยากรณ์อากาศ
πρόγνωση καιρού

F
C
120
90
60
30
0
-30
40
30
20
10
0
-10
-20

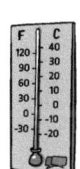

เครื่องวัดอุณหภูมิ
θερμόμετρο

แสงแดด
λιακάδα

ก้อนเมฆ
σύννεφο

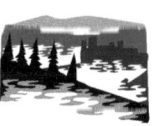

หมอก
ομίχλη

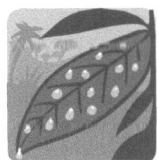

ความชื้น
υγρασία

ฟ้าแลบ/ฟ้าผ่า

αστραπή

ฟ้าร้อง

κεραυνός

พายุ

καταιγίδα

ลูกเห็บ

χαλάζι

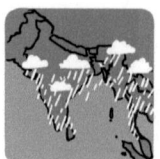

ลมมรสุม

μουσώνας

น้ำท่วม

πλημμύρα

น้ำแข็ง

πάγος

มกราคม

Ιανουάριος

กุมภาพันธ์

Φεβρουάριος

มีนาคม

Μάρτιος

เมษายน

Απρίλιος

พฤษภาคม

Μάιος

มิถุนายน

Ιούνιος

กรกฎาคม

Ιούλιος

สิงหาคม

Αύγουστος

ปี - έτος

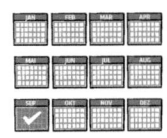

กันยายน
Σεπτέμβριος

ตุลาคม
Οκτώβριος

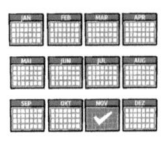

พฤศจิกายน
Νοέμβριος

ธันวาคม
Δεκέμβριος

รูปร่าง
σχήματα

วงกลม
κύκλος

สี่เหลี่ยม
τετράγωνο

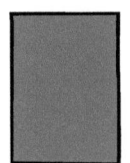

สี่เหลี่ยมผืนผ้า
ορθογώνιο
παραλληλόγραμμο

สามเหลี่ยม
τρίγωνο

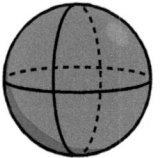

ทรงกลม
σφαίρα

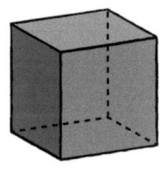

ลูกบาศก์
κύβυς

χρώματα

ขาว
....
άσπρο

เหลือง
....
κίτρινο

ส้ม
....
πορτοκαλί

ชมพู
....
ροζ

แดง
....
κόκκινο

ม่วง
....
μωβ

ฟ้า
....
μπλε

เขียว
....
πράσινο

น้ำตาล
....
καφέ

เทา
....
γκρι

ดำ
....
μαύρο

มาก/ น้อย

πολύ / λίγο

ฉุนเฉียว/ สงบ

θυμωμένος / ήρεμος

สวยงาม/ น่าเกลียด

όμορφος / άσχημος

เริ่มต้น/ จบ

αρχή / τέλος

ใหญ่/ เล็ก

μεγάλος / μικρός

สว่าง/ มืด

φωτεινός / σκοτεινός

องชาย,พี่ชาย/ น้องสาว,พี่สาว

αδελφός / αδελφή

สะอาด/ สกปรก

καθαρός / λερωμένος

สมบูรณ์/ ไม่สมบูรณ์

πλήρης / ατελής

กลางวัน/ กลางคืน

ημέρα / νύχτα

ตาย/ มีชีวิต

νεκρός / ζωντανός

กว้าง/ แคบ

φαρδύς / στενός

กินได้/ กินไม่ได้

βρώσιμος / μη βρώσιμος

ชั่วร้าย/ ใจดี

κακός / ευγενικός

น่าตื่นเต้น/ น่าเบื่อ

ενθουσιασμένος /
βαριεστημένος

อ้วน/ ผอม

παχύς / λεπτός

อย่างแรก/ สุดท้าย

πρώτος / τελευταίος

เพื่อน/ ศัตรู

φίλος / εχθρός

เต็ม/ ว่างเปล่า

γεμάτος / άδειος

แข็ง/ นุ่ม

σκληρός / μαλακός

หนัก/ เบา

βαρύς / ελαφρύς

หิว/ กระหายน้ำ

πείνα / δίψα

ป่วย/ สุขภาพดี

άρρωστος / υγιής

ผิดกฎหมาย/ ถูกกฎหมาย

παράνομος / νόμιμος

ฉลาด/ โง่

έξυπνος / χαζός

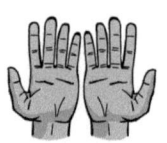

ซ้าย/ ขวา

αριστερός / δεξιός

ใกล้/ ไกล

κοντινός / μακρινός

ตรงกันข้าม - αντίθετα

ใหม่/ ใช้แล้ว

καινούριος /
μεταχειρισμένος

ไม่มี/ บางสิ่งบางอย่าง

τίποτα / κάτι

แก่/ หนุ่ม

γέρος | νέος

เปิด/ปิด

αναμμένος / σβηστός

เปิด/ ปิด

ανοιχτός / κλειστός

เงียบ/ ดัง

χαμηλόφωνος /
μεγαλόφωνος

รวย/ จน

πλούσιος / φτωχός

ถูก/ ผิด

σωστός / λανθασμένος

ขรุขระ/ เรียบ

τραχύς / λείος

เศร้า/ ดีใจ

λυπημένος / χαρούμενος

สั้น/ ยาว

κοντός / μακρύς

ช้า/ เร็ว

αργός / γρήγορος

เปียก/ แห้ง

υγρός / στεγνός

อบอุ่น/ หนาวเย็น

ζεστός / δροσερός

สงคราม/ สันติภาพ

πόλεμος / ειρήνη

ตรงกันข้าม - αντίθετα

0

ศูนย์

μηδέν

1

หนึ่ง

ένα

2

สอง

δύο

3

สาม

τρία

4

สี่

τέσσερα

5

ห้า

πέντε

6

หก

έξι

7

เจ็ด

εφτά

8

แปด

οκτώ

9

เก้า

εννιά

10

สิบ

δέκα

11

สิบเอ็ด

έντεκα

12

สิบสอง

δώδεκα

13

สิบสาม

δεκατρία

14

สิบสี่

δεκατέσσερα

15

สิบห้า

δεκαπέντε

16

สิบหก

δεκαέξι

17

สิบเจ็ด

δεκαεφτά

18

สิบแปด

δεκαοκτώ

19

สิบเก้า

δεκαεννέα

20

ยี่สิบ

είκοσι

100

หนึ่งร้อย

εκατό

1.000

หนึ่งพัน

χίλια

1.000.000

หนึ่งล้าน

εκατομμύριο

ภาษาอังกฤษ

Αγγλικά

ภาษาอังกฤษแบบอเมริกัน

Αμερικάνικα Αγγλικά

ภาษาจีนแมนดาริน

Μανδαρίνικα Κινέζικα

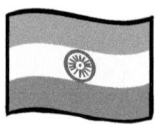

ภาษาฮินดี

Χίντι

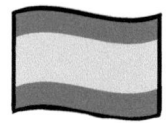

ภาษาสเปน

Ισπανικά

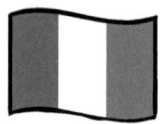

ภาษาฝรั่งเศส

Γαλλικά

ภาษาอาหรับ

Αραβικά

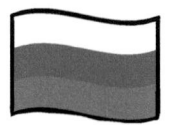

ภาษารัสเซีย

Ρώσικα

ภาษาโปรตุเกส

Πορτογαλικά

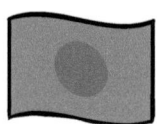

ภาษาเบงกอล

Μπενγκάλι

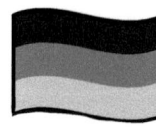

ภาษาเยอรมัน

Γερμανικά

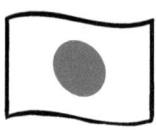

ภาษาญี่ปุ่น

Ιαπωνικά

ฉัน
εγώ

เธอ
εσύ

♂ ♀ ○

เขา / หล่อน / มัน
αυτός / αυτή / αυτό

พวกเรา
εμείς

พวกคุณ
εσείς

พวกเขา
αυτοί / αυτές / αυτά

ใคร?
ποιος / ποια / ποιο;

อะไร?
τι;

อย่างไร?
πώς;

ที่ไหน?
πού;

เมื่อไหร่?
πότε;

HELLO, I AM

ชื่อ
όνομα

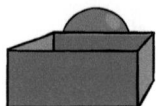

ข้างหลัง

πίσω

ใน

μέσα

ข้างหน้า

μπροστά

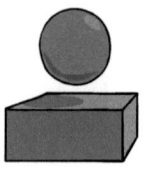

เหนือ

πάνω από

บน

πάνω

ใต้

κάτω

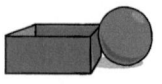

ด้านข้าง

δίπλα

ระหว่าง

ανάμεσα

ตำแหน่ง

μέρος